新装版

聞いてマネしてどんどん覚える

キクタン 接客英会話

【販売編】

アルク
www.alc.co.jp

英語は聞いて覚える！
アルク・キクタンシリーズ

「読む」だけでは、言葉は決して身につきません。私たちが日本語を習得できたのは、赤ちゃんのころから日本語を繰り返し「聞いて」きたから――『キクタン』シリーズは、この「当たり前のこと」にこだわり抜いた単語集・熟語集・フレーズ集です。「読んでは忘れ、忘れては読む」――そんな悪循環とはもうサヨナラです。「聞いて覚える」、そして「読んで理解する」、さらに「使って磨く」――英語習得の「新しい１歩」が、この１冊から必ず始まります！

Preface

短期間で、接客英会話が身につくには理由があります!

販売に関わる接客業務上英語が必要な「シーン」で遭遇する「単語」と「フレーズ」を選定

年々増加する海外からのお客様。何とか英語を使ってご満足いただける応対をしたい――本書は、接客の現場に従事する人のそんな願いをかなえるための1冊です。では、お客様との応対が必要となる「シーン」は？ さらにその場面で必要となる「フレーズ」は？　本書の企画の第1歩は、この「シーン」と「フレーズ」を絞り込むことからスタートしました。

まずは「シーン」。本書では「来店」から「会計」までの基本的な応対の他、「衣料品」「化粧品」「家電」「雑貨」などの主な売り場をピックアップ。海外からのお客様によく聞かれる、または、説明が必要となる状況をカバーしました。
次に「フレーズ」は、これらのシーンにおいてお客様と会話するために必要な定型フレーズを選定。フレーズに含まれる重要な単語や表現も合わせて学びます。巻末には関連語彙も収録しました。

「聞く」→「聞く」→「真似る（＝音読する）」の「3ステップ学習」でフレーズが自然と身につく！

こうして選ばれたフレーズや語彙を、どうすれば「使える＝話せる」ようになるのでしょうか？　ここで思い出したいのが、私たちが日本語を「話せる」ようになった過程です。赤ちゃんは、周りの人の話を「聞き」、「真似る」ことで、少しずつ「話せる」ようになります。この自然な過程がとても大切です。

本書は、付属の音声を使い、①「単語を聞く」→②「フレーズをダイアログで聞く」→③「フレーズをロールプレイで真似る」という3ステップの学習法を採用。これにより、日本語を身につけたのと同じ自然な過程で英会話力を養うことができます。
また、①「単語を聞く」際には、音楽に乗りながら語彙を覚える「チャンツ」が使われている他、①②では日本語訳の音声も収録しているので、学習に慣れたら、音声だけで学ぶこともできます。こうして無理なく継続して学んでいくうちに、「話す」「聞く」力が身についてくるはずです。頑張りましょう！

Contents

商品販売で外国人のお客様への対応「61シーン」で必要な「213フレーズ」を、短い会話形式でマスター!

Chapter 1
お客様を迎える〜レジでの対応 Page 15 ▸ 45

Chapter 2

業種を問わない一般的な接客 Page 47 ▸ 87

Chapter 3
衣料品·化粧品店での接客

Chapter 4
食料品·雑貨(土産品)店での接客

Chapter 5
家電量販店での接客

記号説明

DL-001　「ダウンロード音声のトラック 001 を呼び出してください」という意味です。

だから、覚えられる！ 話せる！

本書の4大特長

1

来店、会計や
主要な売り場など
英語が必要なシーンを選定！

だから

**商品販売の接客で使える！
無駄なく覚えられる！**

会話やフレーズの選定にあたっては、商品を販売する業務において、外国からのお客様に対し英語での応対が必要となるシーンを選びました。例えば「店内接客」「レジ対応」「商品紹介」「販売」などは、お客様にわかりやすく説明したいものです。本書では、こうした61シーンで展開される会話で必要となるフレーズを学びます。

2

まずは、チャンツのリズムに
乗って、楽しく単語を
耳からインプット！

だから

**「聞く単（キクタン）」！
しっかり身につく！**

最初の学習では、右ページの会話（ダイアログ）で学習するフレーズの中から、重要な単語や語句を学びます。決して難しくない単語でも、聞き取れなかったり、うまく発音できなかったりするものです。本書では、音楽のリズムに乗りながら単語を無理なく習得できる「チャンツ学習」を採用。「目」と「耳」から同時に単語をインプットし、さらに「口」に出すことで、会話につながる単語力が身につきます。

『キクタン接客英会話【販売編】』に登場するのは外国人が多く訪れるお店で、「あなた」が「お客様」と英語で話さなければいけないシーンばかりです。それらのシーンに必要なフレーズを、いかに効率的に「覚える」か、いかに「話せるようになる」か——このことを本書は重視しました。ここでは、なぜ覚えられるのか、そしてなぜ話せるようになるのかに関して、本書の特長をご紹介します。
※本書の内容は、学習上の便宜を考慮して作成されたものです。金額などの情報は事実とは異なります。ご了承ください。

3

英語のフレーズを「聞く」→「話す」へ段階的にステップアップ!

だから

自然なかたちで「話せる」ようになる!

「単語や語句」の学習に続いて、次のステップでは、お客様とのやり取りのダイアログを通して会話力をマスターします。まずは、「会話」(ダイアログ)の中で、フレーズを「聞く」そして「覚える」、次にそのフレーズで、「あなた」のパートのフレーズをロールプレイで音読する。——この「3ステップ学習」を何度も繰り返すことで自然とお客様との会話で必要となるフレーズが口から出てくるようになります。

4

1回の学習量を6つの「単語」と「フレーズ」のみに制限

だから

無理なく楽しく学習を続けられる!

「継続は力なり」とはわかっていても、英語学習を続けることは大変なことです。では、なぜ「大変」なのか? それは、覚えきれないほどの量のフレーズを無理に詰め込もうとするからです。本書では、「話せるようになる」ことを前提に、1回の学習量をあえて6フレーズに抑えています。さらに「英語を話す必要があるシーン」に絞って段階的に学習していきますので、挫折することなく、楽しく続けることができます。

「定番フレーズ」の2ステップ学習と
「各章の本編」の3ステップ学習
本書と音声の利用法

「定番フレーズ まずはコレだけ!」の構成

Step 1
ダイアログを
聞く

該当のトラックを呼び出して、「英語→日本語」の順に収録されている音声を聞き、定番フレーズとその意味をチェック。

Step 2
ロールプレイで
話す

定番フレーズ
その章の内容に関連する定番接客フレーズが会話形式で掲載されています。

解説
定番フレーズ(「あなた」のセリフ)に関する解説が掲載されています。フレーズが含まれたダイアログを聞く「Step 1」、ダイアログのフレーズ部分をロールプレイで音読する「Step 2」の2段階で、フレーズを「覚える」だけでなく、使って「話せる」ようになることを目指します。

「来客・レジ対応」の定番フレーズ

Step 1 ダイアログを聞く DL-001　Step 2 ロールプレイで音読! DL-002

あなた:**Hello, sir / ma'am.**
(店に入ってきたお客様に)いらっしゃいませ。

お客様:**Hi.**
こんにちは。

sir は男性客、ma'am は女性客に対して用いる。ma'am は年配の女性に用いると考える若い人もいるため、Hello. だけで言うのが無難。挨拶はオウム返しにせず Hello. に Hi.、Hi. に Hello. などと返すのが自然。

16▸17

お客様:**Can I see that hat?**
あの帽子を見せてもらえますか?

あなた:**Sure. Please wait a moment.**
はい。少々お待ちください。

お客様に待ってもらうよう頼むときは Just a moment, please.、Please wait a little while. と言ってもよい。電話口で言うときは hold on を使って Hold on, please. ということもできる。please は忘れずに付けよう。

お客様:**Where's the cashier?**
レジはどこですか?

あなた:**This way, please.**
こちらです。

this way は行き先へ案内する際に使える表現。「○○はこちらです」だったら○○ is this way. と言えば OK。ご案内できない状況であれば、The cashier is over there.「レジはあちらです」と手で示すなどしよう。

あなた:**This way, please.**
こちらです。

this way は行き先へ案内する際に使える表現。「○○はこちらです」だったら○○ is this way. と言えば OK。ご案内できない状況であれば、The cashier is over there.「レジはあちらです」と手で示すなどしよう。

各 Chapter の最初にある「耳慣らし」「口慣らし」のコーナー。

該当のトラックを呼び出します。太線で囲まれた「あなた」のフキダシ中の学習フレーズ以外は英語だけが読まれます。「あなた」の学習フレーズは日本語訳になっていますので、訳の後の発信音に続いてフレーズを音読しましょう。

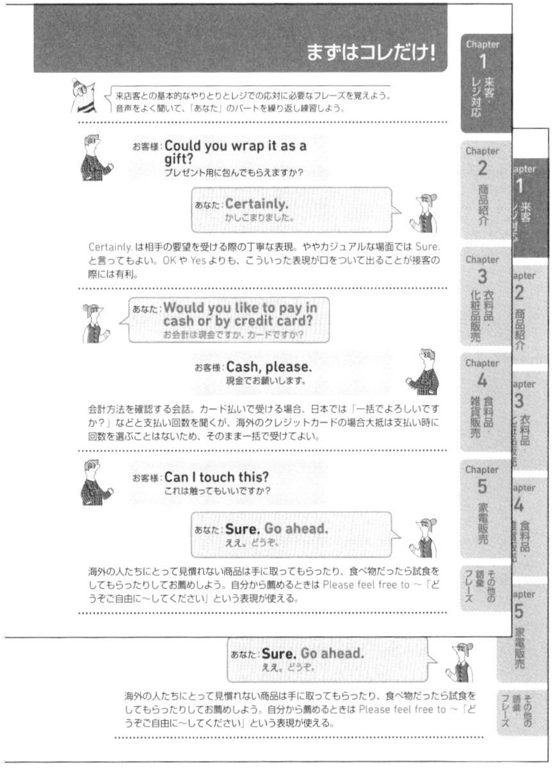
まずはコレだけ!

来店客との基本的なやりとりとレジでの応対に必要なフレーズを覚えよう。
音声をよく聞いて、「あなた」のパートを繰り返し練習しよう。

お客様: **Could you wrap it as a gift?**
プレゼント用に包んでもらえますか?

あなた: **Certainly.**
かしこまりました。

Certainly. は相手の要望を受ける際の丁寧な表現。ややカジュアルな場面では Sure. と言ってもよい。OK や Yes よりも、こういった表現が口をついて出ることが接客の際には有利。

あなた: **Would you like to pay in cash or by credit card?**
お会計は現金ですか、カードですか?

お客様: **Cash, please.**
現金でお願いします。

会計方法を確認する会話。カード払いで受ける場合、日本では「一括でよろしいですか?」などと支払い回数を聞くが、海外のクレジットカードの場合大抵は支払い時に回数を選ぶことはないため、そのまま一括で受けてよい。

お客様: **Can I touch this?**
これは触ってもいいですか?

あなた: **Sure. Go ahead.**
ええ。どうぞ。

海外の人たちにとって見慣れない商品は手に取ってもらったり、食べ物だったら試食をしてもらったりしてお薦めしよう。自分から薦めるときは Please feel free to ～「どうぞご自由に～してください」という表現が使える。

Chapter 1 来客・レジ対応
Chapter 2 商品紹介
Chapter 3 衣料品・化粧品販売
Chapter 4 食料品・雑貨販売
Chapter 5 家電販売
その他の語彙・フレーズ

あなた: **Sure. Go ahead.**
ええ。どうぞ。

海外の人たちにとって見慣れない商品は手に取ってもらったり、食べ物だったら試食をしてもらったりしてお薦めしよう。自分から薦めるときは Please feel free to ～「どうぞご自由に～してください」という表現が使える。

Hello, sir.
いらっしゃいませ。
Hi.
こんにちは。

各章の本編の構成

Step 1 チャンツを 聞く
該当のトラックを呼び出して、「英語→日本語→英語」の順に収録されている「チャンツ」を聞き、重要単語・表現とその意味をチェック。

Step 2 ダイアログを 聞く

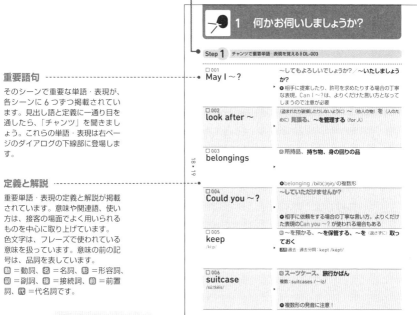

1　何かお伺いしましょうか?

Step 1 チャンツで重要単語・表現を覚える DL-003

□001 May I ～?	～してもよろしいでしょうか?／～いたしましょうか? ❶相手に提案したり、許可を求めたりする場合の丁寧な表現。Can I ～?は、よりくだけた言い方となってしまうので注意が必要
□002 look after ～	(盗まれたり破損したりしないように)～(他人の物)を(人のために)見張る、～を管理する(for 人)
□003 belongings	名 所持品、持ち物、身の回りの品 ❶belonging /bilɔ́(ː)ŋiŋ/ の複数形
□004 Could you ～?	～していただけませんか? ❶相手に依頼をする場合の丁寧な言い方。よりくだけた表現のCan you ～? が使われる場合もある
□005 keep /kiːp/	動 ～を預かる、～を保管する、～を(返さずに)取っておく 活用 過去・過去分詞：kept /képt/
□006 suitcase /súːtkèis/	名 スーツケース、旅行かばん 複数：suitcases /～iz/ ❶複数形の発音に注意!

18▸19

重要語句

そのシーンで重要な単語・表現が、各シーンに6つずつ掲載されています。見出し語と定義に一通り目を通したら、「チャンツ」を聞きましょう。これらの単語・表現は右ページのダイアログの下線部に登場します。

定義と解説

重要単語・表現の定義と解説が掲載されています。意味や関連語、使い方は、接客の場面でよく用いられるものを中心に取り上げています。
色文字は、フレーズで使われている意味を扱っています。意味の前の記号は、品詞を表しています。
動＝動詞、名＝名詞、形＝形容詞、副＝副詞、接＝接続詞、前＝前置詞、代＝代名詞です。

Could you ～?

□005 keep /kiːp/

□006 suitcase /súːtkèis/

Could you wrap it as a present?
プレゼント用に包んでもらえますか?

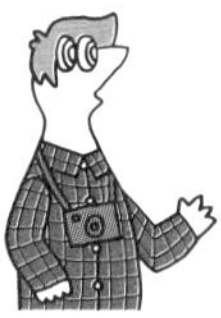

Certainly.
かしこまりました。

該当のトラックを呼び出して、Step 1 で学習した単語·表現を使ったダイアログ(会話)を聞きます。「お客様」と「あなた」のセリフの「英語→日本語訳」が交互に収録されています。色字が学習フレーズです。

Step 3 ロールプレイで 話す

該当のトラックを呼び出します。ダイアログ中の学習フレーズ以外は英語だけが読まれます。学習フレーズの部分は日本語訳になっていますので、訳の後の発信音に続いて英語のフレーズを話しましょう。

＊ Step 1 の「チャンツ」、Step 2 の「ダイアログ」、Step 3 の「ロールプレイ」は、シーンごとにトラックが異なります。

お客様への声掛けは店の第一印象が決まる重要な場面。しっかり伝わるよう、一語一語はっきりとした発音を心掛けよう！
Step 2 ダイアログを聞く DL-004
Step 3 ロールプレイで音読！ DL-005
あなた：Hello. May I help you?
こんにちは。何かお伺いしましょうか？
お客様：That's OK, I'm just looking.
大丈夫です、見ているだけです。
あなた：May I look after your belongings for you?
荷物をお預かりしましょうか？
お客様：Oh, yes, please. Could you keep this suitcase ?
ああ、はい、お願いします。このスーツケースを預かってもらえますか？
あなた：Sure. You can put it here while you are shopping. Please take your time.
ええ。お買い物中こちらに置いてください。ごゆっくりご覧ください。
お客様：Thank you.
ありがとうございます。
Chapter 1 来客·レジ対応
Chapter 2 商品紹介
Chapter 3 衣料品·化粧品販売
Chapter 4 食料品·雑貨販売
Chapter 5 家電販売
その他の語彙·フレーズ

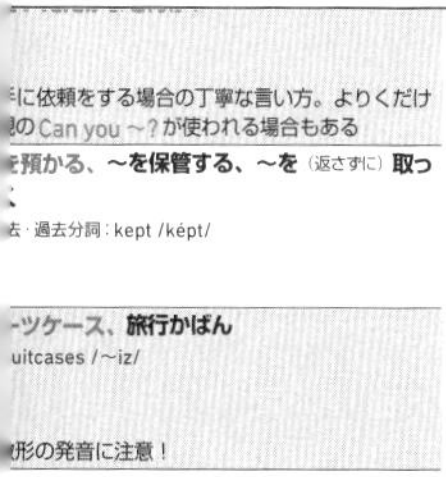

に依頼をする場合の丁寧な言い方。よりくだけ
のCan you ~? が使われる場合もある
預かる、～を保管する、～を（返さずに）取っ
去·過去分詞：kept /képt/
ーツケース、旅行かばん
uitcases /~iz/
形の発音に注意！

ダウンロード音声について

本書の学習に必要な音声は、すべてお手持ちのスマートフォンやパソコンにダウンロードしてお聞きいただけます。

本書では、トラック「001」であれば

))) DL-001

のように表示しています。

音声のダウンロード方法

■スマートフォンの場合

アルクの英語学習アプリ「booco」を使うと、本書の音声をさまざまな方法で聞くことができます。

① 以下の URL・QR コードから booco をインストールする。

② booco を起動し、ホーム画面上の「さがす」をタップして商品コード「7024060」で本書を検索して、音声ファイルをダウンロードする。

https://booco.page.link/4zHd

■パソコンの場合

パソコンに音声をダウンロードし、音声プレーヤーで聞くことができます。

① 以下の URL にアクセスする。

② 商品コード「7024060」で本書を検索し、音声ファイルをダウンロードする。

アルク「ダウンロードセンター」
https://portal-dlc.alc.co.jp/

＊ booco およびダウンロードセンターのサービス内容は、予告なく変更する場合があります。あらかじめご了承ください。

Chapter 1
お客様を迎える～レジでの対応

このChapterでは、来店されたお客様に声を掛けたり会計をしたりといった、小売販売に共通する重要なフレーズをマスターします。

例えばこんなフレーズ!

「来客･レジ対応」の定番フレーズ

Step 1 ダイアログを聞く DL-001　**Step 2** ロールプレイで音読！DL-002

あなた：**Hello, sir / ma'am.**
（店に入ってきたお客様に）いらっしゃいませ。

お客様：**Hi.**
こんにちは。

sir は男性客、ma'am は女性客に対して用いる。ma'am は年配の女性に用いると考える若い人もいるため、Hello. だけで言うのが無難。挨拶はオウム返しにせず Hello. に Hi.、Hi. に Hello. などと返すのが自然。

お客様：**Can I see that hat?**
あの帽子を見せてもらえますか？

あなた：**Sure. Please wait a moment.**
はい。少々お待ちください。

お客様に待ってもらうよう頼むときは Just a moment, please.、Please wait a little while. と言ってもよい。電話口で言うときは hold on を使って Hold on, please. ということもできる。please は忘れずに付けよう。

お客様：**Where's the cashier?**
レジはどこですか？

あなた：**This way, please.**
こちらです。

this way は行き先へ案内する際に使える表現。「○○はこちらです」だったら○○ is this way. と言えば OK。ご案内できない状況であれば、The cashier is over there.「レジはあちらです」と手で示すなどしよう。

まずはコレだけ!

来店客との基本的なやりとりとレジでの応対に必要なフレーズを覚えよう。
音声をよく聞いて、「あなた」のパートを繰り返し練習しよう。

お客様: **Could you wrap it as a gift?**
プレゼント用に包んでもらえますか?

あなた: **Certainly.**
かしこまりました。

Certainly. は相手の要望を受ける際の丁寧な表現。ややカジュアルな場面では Sure. と言ってもよい。OK や Yes よりも、こういった表現が口をついて出ることが接客の際には有利。

あなた: **Would you like to pay in cash or by credit card?**
お会計は現金ですか、カードですか?

お客様: **Cash, please.**
現金でお願いします。

会計方法を確認する会話。カード払いで受ける場合、日本では「一括でよろしいですか?」などと支払い回数を聞くが、海外のクレジットカードの場合大抵は支払い時に回数を選ぶことはないため、そのまま一括で受けてよい。

お客様: **Can I touch this?**
これは触ってもいいですか?

あなた: **Sure. Go ahead.**
ええ。どうぞ。

海外の人たちにとって見慣れない商品は手に取ってもらったり、食べ物だったら試食をしてもらったりしてお薦めしよう。自分から薦めるときは Please feel free to ～「どうぞご自由に～してください」という表現が使える。

1　何かお伺いしましょうか?

Step 1　チャンツで重要単語・表現を覚える 》DL-003

□ 001
May I ～?
▸ **～してもよろしいでしょうか?／～いたしましょうか?**
⊕相手に提案したり、許可を求めたりする場合の丁寧な表現。Can I ～?は、よりくだけた言い方となってしまうので注意が必要

□ 002
look after ～
▸ （盗まれたり破損したりしないように）**～**（他人の物）**を**（人のために）**見張る、～を管理する**（for 人）

□ 003
belongings
▸ 名 **所持品、持ち物、身の回りの品**
⊕belonging /bilɔ́(:)ŋiŋ/の複数形

□ 004
Could you ～?
▸ **～していただけませんか?**
⊕相手に依頼をする場合の丁寧な言い方。よりくだけた表現のCan you ～? が使われる場合もある

□ 005
keep
/kí:p/
▸ 動 **～を預かる、～を保管する、～を**（返さずに）**取っておく**
活用 過去・過去分詞：kept /képt/

□ 006
suitcase
/sú:tkèis/
▸ 名 **スーツケース、旅行かばん**
複数：suitcases /～iz/
⊕複数形の発音に注意！

お客様への声掛けは店の第一印象が決まる重要な場面。しっかり伝わるよう、一語一語はっきりとした発音を心掛けよう！

Step 2 ダイアログを聞く DL-004　**Step 3** ロールプレイで音読！ DL-005

あなた：**Hello. May I help you?**
こんにちは。何かお伺いしましょうか？

お客様：**That's OK, I'm just looking.**
大丈夫です、見ているだけです。

あなた：**May I look after your belongings for you?**
荷物をお預かりしましょうか？

お客様：**Oh, yes, please. Could you keep this suitcase ?**
ああ、はい、お願いします。このスーツケースを預かってもらえますか？

あなた：**Sure. You can put it here while you are shopping. Please take your time.**
ええ。お買い物中こちらに置いてください。ごゆっくりご覧ください。

お客様：**Thank you.**
ありがとうございます。

2　何かお探しですか?

Step 1　チャンツで重要単語・表現を覚える DL-006

□ 007
look for ～
▸
～を探す

□ 008
in particular
▸
特に

□ 009
plastic
/plǽstik/
▸
形 プラスチック（製）の、ビニール（製）の

□ 010
model
/mádl | mɔ́d-/
▸
名 模型、ひな形、原型、見本

□ 011
for display
▸
展示用の

□ 012
item
/áitəm/
▸
名（個々の）商品、物品、（リスト中の）項目、品目

お客様の要望を的確につかむことがスムーズに接客するコツ。お客様の意図がわからなかったら、他の言い方で聞き返せるようにしたい。

Step 2 ダイアログを聞く DL-007　**Step 3** ロールプレイで音読！ DL-008

あなた：**Are you looking for something in particular?**
何か特にお探しですか？

お客様：**Yeah, I'm looking for plastic food models for display.**
ええ、展示用のプラスチックの食品模型を探しているんです。

あなた：**You mean Japanese food samples? We have some of those items.**
日本の食品サンプルのことですか？　それならありますよ。

お客様：**Can I see them?**
見せてもらえますか？

あなた：**Sure. Please follow me.**
もちろんです。ついてきてください。

お客様：**OK.**
わかりました。

3　商品の写真を撮ることはできません。

Step 1　チャンツで重要単語・表現を覚える 》DL-009

☐ 013
I'm afraid ～.
▶ 残念ながら（申し上げにくいのですが）～のようです。

☐ 014
take a picture
▶ 撮影する、写真を撮る

☐ 015
product
/prάdʌkt, -əkt | prɔ́dʌkt/
▶ 名 生産物、製品

☐ 016
bring A into B
▶ AをBに持ち込む

☐ 017
store
/stɔ́:(r)/
▶ 名 商店、店、小売店

⊕イギリスでは主にshop「店」という

☐ 018
finish
/fíniʃ/
▶ 動 ～（飲食物）を食べ終える、～を飲み終える、～（作業・仕事・話など）を終える

外国人のお客様に日本の常識をトラブル無く伝えるには、否定的な言葉を避け、不快感を与えないよう、丁寧な言い回しで伝えよう。

Step 2 ダイアログを聞く DL-010　**Step 3** ロールプレイで音読！ DL-011

あなた：**Sir, I'm afraid you cannot take pictures of the products.**
お客様、申し訳ありませんが商品の写真を撮ることはできません。

お客様：**Sorry, I didn't know that. I just saw the notice.**
すみません、知りませんでした。張り紙をちょうど目にしたところでした。

あなた：**And please don't bring food or drinks into the store.**
それと店内に飲食物を持ち込まないでください。

お客様：**I see. I'll finish this outside.**
わかりました。外で食べてきます。

あなた：**Thank you for your cooperation.**
ご協力いただき、ありがとうございます。

お客様：**Sure.**
いえ。

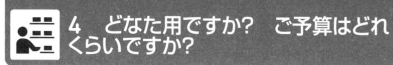

4　どなた用ですか？　ご予算はどれくらいですか？

Step 1　チャンツで重要単語・表現を覚える》DL-012

□ 019
souvenir
/sù:vəníə(r)/
▸ 名 **記念品、土産、形見、思い出の品**

□ 020
recommend
/rèkəménd/
▸ 動 **～を薦める、～を勧める、～を推薦する、～を推奨する**

□ 021
daughter
/dɔ́:tə(r)/
▸ 名 **娘**
➕son「息子」とは異なり、呼び掛けには通例用いない

□ 022
budget
/bʌ́dʒit/
▸ 名 **予算、経費**

□ 023
How about ～?
▸ ～（して）**はいかがですか？**／～（して）**はどうですか？**
➕提案・勧誘・助言などを表す表現

□ 024
Here is ～.
▸ **これは～です。／ここに～があります。**
➕複数形の場合はHere are ～.「これらは～です。」となる

来店したお客様が店内で何か探している様子。目的や予算を聞いて見合う商品を提案してあげたら、顧客満足度も向上するはず。

Step 2 ダイアログを聞く DL-013　**Step 3** ロールプレイで音読！ DL-014

お客様：**I'm looking for a souvenir. Can you recommend anything?**
お土産を探しているんですが。何かお薦めはありますか？

あなた：**Well, who is it for?**
そうですね、どなた用ですか？

お客様：**For my daughter.**
娘用です。

あなた：**What's your budget?**
ご予算はどれくらいですか？

お客様：**I think it should be less than 10,000 yen.**
1万円未満ならと思っています。

あなた：**How about yukata? Here are some within your budget.**
浴衣はどうですか？　ここに予算内に収まるものがありますよ。

5　営業時間は午前10時から午後8時30分までです。

Step 1　チャンツで重要単語・表現を覚える》DL-015

□ 025
open
/óupn/
▸ 形（店・銀行などが）**開いている、開催している、営業している**

➕通例be動詞などの後で用いる

□ 026
business hours
▸ 営業時間

□ 027
a.m.
▸ 午前

□ 028
p.m.
▸ 午後

□ 029
again
/əgén, əgéin/
▸ 副 **もう一度、再び、また**

□ 030
wait for ～
▸ ～を待つ

営業時間を伝えるときは、数字の部分はゆっくり、そしてハッキリと発音し、間違って理解されないように気を付けよう。

Step 2 ダイアログを聞く DL-016　**Step 3** ロールプレイで音読！ DL-017

お客様：**Excuse me, will you be open tomorrow?**
すみません、明日は開いていますか？

あなた：**Yes. We are open every day of the year.**
はい。年中無休です。

お客様：**What are your business hours?**
営業時間は何時から何時までですか？

あなた：**We are open from 10 a.m. to 8:30 p.m.**
営業時間は午前 10 時から午後 8 時 30 分までです。

お客様：**OK. I'll come again tomorrow morning.**
わかりました。明日の朝また来ます。

あなた：**We'll be waiting for you.**
お待ちしています。

English 6 英語の得意な者を呼び出します。

Step 1 チャンツで重要単語・表現を覚える 》DL-018

□ 031 **instruction** /instrʌ́kʃn/ ▸	名 **説明書、**（書かれた）**説明、マニュアル、指示、指図** ➕ この意味では通例複数形のinstructionsで用いる
□ 032 **explain** /ikspléin/ ▸	動 **～を説明する、～を明らかにする**
□ 033 **how to ～** ▸	**～する方法**
□ 034 **I'd like to ～** ▸	**～したい**
□ 035 **adjust** /ədʒʌ́st/ ▸	動 **～を調節する、～を合わせる、～を適合させる**
□ 036 **call** /kɔ́ːl/ ▸	動 **～を呼び出す、～に来るように言う**

お客様からの質問、要望に応えられないときは、無理せず英語が得意なスタッフにバトンタッチして接客の効率をアップしよう。

Step 2 ダイアログを聞く DL-019　**Step 3** ロールプレイで音読！ DL-020

あなた：Can I help you?
何かお困りですか？

お客様：**Are there English instructions for this clock?**
この時計に英語の説明書はありますか？

あなた：**No, there aren't.** Would you like us to explain how to use it in English?
いえ、ありません。それの使い方を英語で説明してほしいですか？

お客様：**Yes, I'd like to know how to adjust the time.**
はい、時刻を合わせる方法が知りたいです。

あなた：Let me call someone who speaks English well.
英語の得意な者を呼び出します。

お客様：**That would be great.**
そうしてもらえると助かります。

7　お会計なさいますか?

Step 1　チャンツで重要単語・表現を覚える 》DL-021

□ 037
decide
/disáid/
▶ 動 **決める、決定する、決心する、判断する**

□ 038
look around
▶ （建物・店・街などを）**見て回る**

□ 039
pay
/péi/
▶ 動 **支払う、金を出す、費用を払う**
活用 過去・過去分詞：paid /～d/

□ 040
tax-free
▶ **免税の**

□ 041
come
/kʌ́m/
▶ 動 **来る**
活用 過去：came /kéim/｜過去分詞：come

□ 042
cash register
▶ **レジ、金銭登録機**

そろそろお会計かな？ と思ったら、会計の意思を聞いてみよう。定番のフレーズを覚えてコミュニケーションを円滑に。

Step 2 ダイアログを聞く DL-022　**Step 3** ロールプレイで音読！DL-023

お客様：**OK, I've decided. I'll take this one.**
よし、決めました。これにします。

あなた：**Do you want to look around some more? Or would you like to pay now?**
もう少し店内をご覧になりますか？　それとももう会計なさいますか？

お客様：**That's all. Will it be tax-free?**
それで全部です。免税になりますか？

あなた：**Sorry, this is not a tax-free shop.**
すみません、当店は免税店ではありません。

お客様：**That's OK. Can I pay here?**
大丈夫です。ここで支払えばいいですか？

あなた：**Please come with me to the cash register.**
レジに一緒に来てください。

8　免税になります。

Step 1　チャンツで重要単語・表現を覚える》DL-024

☐ 043
tax refund
▸ **税金の還付**

➕日本では「税金の還付」のことも「免税」と呼ぶことが多い

☐ 044
purchase
/pə́:(r)tʃəs/
▸ 名 **購入、買い入れ、購入した物、買った品**

☐ 045
visit
/vízit/
▸ 動 **～を訪問する、～を訪ねる、～を見物する**

☐ 046
counter
/káuntə(r)/
▸ 名（商店・銀行などの）**カウンター、売り台、勘定台**

☐ 047
passport
/pǽspɔ̀:(r)t | pá:spɔ̀:t/
▸ 名 **パスポート、旅券**

☐ 048
receipt
/risí:t/
▸ 名 **領収書、レシート、受領証**

海外からのお客様は日本国内の消費税免税制度を利用することが多い。会計時に免税できるかを聞かれることがよくあるので、説明できるようにしておこう。

Step 2 ダイアログを聞く DL-025　**Step 3** ロールプレイで音読！ DL-026

お客様：**Can I get a tax refund here?**
ここでは免税できますか？

あなた：**Yes. There is a tax refund on purchases of over 10,000 yen before tax.**
はい。税抜き1万1円以上のお買い上げで免税になります。

お客様：**How can I get it?**
どうすれば免税できますか？

あなた：**Please visit the tax refund counter on the 5th floor.**
5階の免税カウンターをお訪ねください。

お客様：**OK. What do I need for that?**
わかりました。それには何が必要ですか？

あなた：**You need to show your passport and receipt there.**
パスポートとレシートをそこで見せる必要があります。

9　現金払いのみ可能です。

Step 1　チャンツで重要単語・表現を覚える》DL-027

□ 049
total
/tóutl/
▸ 名 総計、合計、総額

□ 050
credit card
▸ クレジットカード

□ 051
accept
/əksépt, æk-/
▸ 動 ～を（支払方法として）受け付ける、～を（喜んで）受け取る、～（提案・招待・仕事・謝罪など）を受諾する

□ 052
cash
/kǽʃ/
▸ 名 現金、お金

➕紙幣と硬貨を指す

□ 053
Here you are.
▸ さあどうぞ。／ほら、これですよ。

➕物を差し出す時に使う表現。Here it is. やHere you go. も同様の意味で使われる

□ 054
change
/tʃéindʒ/
▸ 名 釣銭、小銭

外国人のお客様はクレジットカードで支払うケースが圧倒的に多い。カード払いに対応していない場合は、現金払いの対応の仕方を覚えておこう。

Step 2 ダイアログを聞く DL-028　**Step 3** ロールプレイで音読！ DL-029

あなた：**Here is the total.**
合計はこちらになります。

お客様：**All right. Can I use a credit card?**
わかりました。クレジットカードは使えますか？

あなた：**I'm sorry, but we accept cash only.**
すみませんが、現金払いのみ可能です。

お客様：**No problem. Here you are.**
大丈夫ですよ。これでお願いします。

あなた：**5,000 yen, thank you. And ... here is your change.**
5,000円お預かりします。そして・・・これがお釣りです。

お客様：**Thank you, bye.**
ありがとう、さようなら。

10　VisaとMasterCardがご利用いただけます。

Step 1 チャンツで重要単語・表現を覚える DL-030

□055
blue
/blú:/
▶ 形 **青い**

□056
enter
/éntə(r)/
▶ 動 〜（データなど）**を**（コンピューターなどに）**入力する、**〜（場所）**に入る、入ってくる**（いく）

□057
PIN
/pín/
▶ 名（クレジットカードなどの）**暗証番号**

□058
then
/ðén/
▶ 副 **次に、それから、その後**

□059
press
/prés/
▶ 動 **〜を押す、〜を押し付ける**

□060
key
/kí:/
▶ 名（ピアノ・コンピューター・ワープロなどの）**キー、鍵、**（問題解決の）**鍵、手掛かり**

海外には、日本国内では使用できない種類のクレジットカードがあるので、
利用可能なクレジットカードを伝える定番のフレーズは確実に覚えよう。

Step 2 ダイアログを聞く DL-031　**Step 3** ロールプレイで音読！ DL-032

お客様：**I think I'll take this blue one. Do you take credit cards?**
この青いのにしようかな。クレジットカードは使えますか？

あなた：**Yes. We accept Visa and MasterCard.**
はい。Visa と MasterCard がご利用いただけます。

お客様：**Great. Here it is.**
よかった。これでお願いします。

あなた：**Thank you. Please enter your PIN, then press enter.**
お預かりします。暗証番号を入力して、enterを押してください。

お客様：**OK, ... which key is enter?**
わかりました・・・どのキーが enter ですか？

あなた：**The red one, sir. Here are your card and receipt.**
赤いキーです、お客様。カードとレシートのお返しです。

11　このクレジットカードはお使いいただけません。

Step 1　チャンツで重要単語・表現を覚える DL-033

□ 061
seem
/síːm/
▸ 動 ～のように思われる、～に見える、～であるらしい、～のようだ

□ 062
max out
▸ ～（クレジットカードなど）の利用限度額に達する

□ 063
really
/ríː(ə)li | ríə-/
▸ 副 本当に、えっ、おや、まさか、へえ

□ 064
that much
▸ そんなにたくさん

□ 065
company
/kʌ́mpəni/
▸ 名 会社、企業

□ 066
check
/tʃék/
▸ 動 確認する、確かめる、検査する、調べる、点検する

ここは重要！　海外のクレジットカードが日本国内では使えないことも。
しっかりと対応できるようにフレーズを繰り返し練習しよう。

Step 2 ダイアログを聞く DL-034　**Step 3** ロールプレイで音読！ DL-035

あなた：**Sorry, we don't accept this credit card.**
すみません、このクレジットカードはお使いいただけません。

お客様：**Why? I could pay for other purchases with this card.**
どうしてですか？　他の買い物ではこのカードで支払えましたよ。

あなた：**It seems to be maxed out.**
限度額オーバーで使用できないみたいです。

お客様：**Really? I don't think I've bought that much with it.**
本当ですか？　そのカードでそんなに買い物をしたとは思わないんですが。

あなた：**Would you like to call the credit card company to check?**
カード会社に確認なさいますか？

お客様：**Yes, please.**
はい、お願いします。

12 レシートは要りますか？

Step 1 チャンツで重要単語・表現を覚える》DL-036

□ 067 **excuse me**	失礼ですが、**すみませんが** ➕知らない人に話し掛けたり、何かを尋ねたりする場合などに使う
□ 068 **how much**	いくら ➕価格について聞く表現
□ 069 **like** /láik/	動 ～が好きだ、**～を好む**
□ 070 **including** /inklú:diŋ/	前 ～を含めて、**～込みで** ➕includeは動詞で「（全体の一部として）～を含む」の意味
□ 071 **cheap** /tʃí:p/	形 （物が）**安い、安価な、**（レストランなどが）**料金の安い** ➕反意語はexpensive「高価な」
□ 072 **exactly** /igzǽktli/	副 ちょうど、**正確に、厳密に、精密に**

海外旅行では、現地でのお金の把握が怠りがち。忘れずにレシートが必要かどうか尋ねよう。

Step 2 ダイアログを聞く))) DL-037　**Step 3** ロールプレイで音読！))) DL-038

お客様：**Excuse me, how much is this? I really like it.**
すみません、これはいくらですか？　すごく気に入りました。

あなた：**That's 500 yen, including tax.**
税込みで 500 円です。

お客様：**It's very cheap. Well ... oh, I have exactly 500.**
とても安いですね。じゃあ･･･あ、ちょうど 500 円ありました。

あなた：**Thank you. Do you need a receipt?**
ありがとうございます。レシートは要りますか？

お客様：**Yes. I'll take it just in case.**
はい。一応もらいます。

あなた：**Just a minute, please.**
少々お待ちください。

13　ただ今差額をお戻しいたします。

Step 1　チャンツで重要単語・表現を覚える 》DL-039

□ 073 **wrong** /rɔ́ːŋ | rɔ́ŋ/	形（判断・答えなどが）**間違った、誤った、**（人が）**間違った、誤った**
□ 074 **Let me ～.**	（私に）**～させてください。**
□ 075 **correct** /kərékt/	形 **正確な、間違いのない**
□ 076 **amount** /əmáunt/	名（お金の）**額、量**
□ 077 **refund** /rifʌ́nd, ríːfʌnd/	動 ～（金など）**を払い戻す、～を返還する、～を返済する**
□ 078 **difference** /dífərəns/	名（数・量の）**差額、差、違い、相違、差異**

たまにやりがちな会計ミス。そんなときは焦らず、落ち着いて会計の間違いと訂正をお客様に説明しよう。

Step 2 ダイアログを聞く DL-040　**Step 3** ロールプレイで音読！DL-041

お客様：**Wait, I think the total is wrong.**
待ってください、合計金額が間違っていると思います。

あなた：**I'm sorry, sir. Let me check.**
申し訳ございません、お客様。確認させてください。

お客様：**This item was probably mistakenly included.**
たぶん、この商品が間違って含まれてしまっています。

あなた：**You are right. This is the correct amount.**
おっしゃる通りです。こちらが正しい金額です。

お客様：**Yes, that's correct.**
そうですね、それが正しいです。

あなた：**I'll refund the difference right now.**
ただ今差額をお戻しいたします。

14　出口までご案内します。

Step 1 チャンツで重要単語・表現を覚える》DL-042

□ 079
Thank you for ～
～をありがとう

□ 080
payment
/péimənt/
名 支払い、払い込み、支払金（額）

□ 081
find
/fáind/
動 ～（物）を（偶然に）見つける、～を発見する
活用 過去・過去分詞：found /fáund/

□ 082
present
/préznt/
名 贈り物、プレゼント

□ 083
I'm happy to ～
～するのがうれしい、喜んで～する

□ 084
way out
出口

会計が終わったお客様のお見送り。好印象を持ってもらえるよう、感謝の気持ちを込めて気の利いた言葉で見送ろう。

Step 2 ダイアログを聞く DL-043　**Step 3** ロールプレイで音読！DL-044

あなた：**Thank you for your payment.**
お支払いありがとうございました。

お客様：**I'm glad I could find the best thing for a present for my sister.**
姉へのプレゼントにちょうどいいものが見つかってよかったです。

あなた：**I'm happy to hear that. Let me show you the way out.**
そう言っていただけてうれしいです。出口までご案内します。

お客様：**Thank you.**
ありがとうございます。

あなた：**Have a great day.**
楽しい1日をお過ごしください。

お客様：**Thank you, bye.**
ありがとうございます、さようなら。

Column 1

言えたら便利!とっさのフレーズ集1

救急編

とっさに言えたらお客様の助けになること間違いなし！のフレーズをご紹介。
ここでは、お客様の病気やケガに対応できるひと言を紹介します。

大丈夫ですか？

Are you all right?

気分が悪そうなお客様には、このように声をかけて。Do you feel sick?（ご気分が悪いのですか？）もあります。とげとげしく聞こえないように、やさしく発音しましょう。

ソファまで歩けますか？

Can you walk over to the sofa?

sofa の代わりに、chair（椅子）、bench（ベンチ）などを使っても。Why don't you sit down over there?（あちらに座りませんか？）という言い方もあります。

お水をお持ちしましょうか？

Would you like me to bring you some water?

Would you like me to ～？（～しましょうか？）は、助けを申し出る表現。Should I ～？でも OK。Please stay here and relax.（ここで安静にしていてください）などと、続けましょう。

絆創膏をお持ちします。

I'll get you a bandage.

日本で使われる Band-Aid〔bǽndéid〕という語は、北米の会社の商標・商品名ですが、そちらでも通じます。その他、イギリスなどでは plaster〔plǽstər〕とも言います。

救急車を呼びましょうか？

Should I call an ambulance?

ambulance〔ǽmbjələns〕は、救急車。「110 番／119 番しましょうか？」は、Should I make an emergency call? 深刻そうなら、I'll call a doctor.（お医者さんを呼びます）とはっきり言ってあげた方がよい場合も。

※アメリカ、カナダでは警察・救急・消防はすべて 911 イギリスでは 999 です。

Chapter 2

業種を問わない一般的な接客

このChapterでは、人気商品や限定商品を説明してお薦めしたり、在庫確認の対応をしたりする際に重要なフレーズをマスターします。

例えばこんなフレーズ!

「商品紹介」の定番フレーズ

Step 1 ダイアログを聞く 》DL-045　**Step 2** ロールプレイで音読！》DL-046

お客様：**This shampoo is expensive.**
高価なシャンプーですね。

あなた：**It is very good value.**
そちらはとてもお値ごろですよ。

good value というのは値段に対して十分な価値があるということで、値が張る物をお薦めするときに便利な表現。このやりとりの後で値段に納得できるような商品説明をしてみよう。

あなた：**This is the most popular item in this store.**
当店の一番人気の商品です。

お客様：**Really? Let me look at it.**
そうなんですか？　見せてください。

商品を選ぶ際に売れ筋はどれかというのは参考になるので、提案に悩んだときはとりあえず一番人気を薦めてみるのも手。

あなた：**Our ice cream is made from fresh milk.**
当店のアイスクリームは新鮮な牛乳から作られています。

お客様：**Sounds delicious.**
おいしそうです。

be made from は原料を言うときに使う表現。見た目でわかる素材を言うときには be made of を使う。宗教や思想、アレルギーなどで食品の材料を気にする人も多いので、きちんと伝えられるようにしよう。材料の一部を言うときは include「〜を含む」を使ってもよい。

まずはコレだけ!

お客様に商品をお薦めするときに便利な言い回しを練習しよう。音声をよく聞いて、「あなた」のパートを繰り返し練習しよう。

あなた：**This character is very trendy now in Japan.**
このキャラクターは今日本で大流行しています。

お客様：**I saw it on the Web.**
ネットで見ました。

日本の流行はインターネットを通して世界中で知られることもあり、新しい物、変わった物を求めるお客様も多いはず。日本の最先端な（cutting-edge）物と、伝統的な（traditional）物とが混在している部分は外国人へのアピールポイントになる。

あなた：**This hair iron is easy to use.**
このヘアアイロンは使いやすいです。

お客様：**Sounds good.**
良さそうですね。

細かい説明が英語でできないとしても、実際に使ってみせることで十分に伝わることは多い。I'll show you how to use it.「使い方をお見せします」と言って実演（demonstration）してみせよう。

あなた：**Each item is handmade by a craftsman.**
どの品も職人の手作りです。

お客様：**Incredible!**
信じられない！

職人の手作りと伝えて、特別で品質の高い物なのだとアピールしよう。手で使う物なら be easy to hold「つかみやすい」、刃物だったら cut very well「とてもよく切れる」など品質の説明もできるとなおよい。

1　旅行客の間でとても人気があります。

Step 1 チャンツで重要単語・表現を覚える 》DL-047

□ 085
feel free to ～
▸ 自由に～する、遠慮なく～する

□ 086
pick ～ up
▸ ～を拾い上げる、～を持ち上げる、～を抱える

□ 087
ceramic
/sərǽmik/
▸ 形 陶製の、陶磁器の、セラミックの

□ 088
popular
/pápjələ(r) | pɔ́pjələ/
▸ 形 人気のある、評判の良い、大衆向きの

□ 089
tourist
/túrist | túər-/
▸ 名 旅行者、観光客、ツーリスト

□ 090
shape
/ʃéip/
▸ 名 形、形状、外形、輪郭、状態

お店でお薦めの商品はすぐに紹介できるよう、単語と言い回しを覚えよう。お客様が気軽にコミュニケーションが取れる雰囲気づくりも大事だ。

Step 2 ダイアログを聞く DL-048 **Step 3** ロールプレイで音読！ DL-049

あなた：Please feel free to pick it up.
どうぞご自由にお手に取ってください。

お客様：This is ceramic. It's very lovely.
これは陶器ですね。すごくかわいい。

あなた：It's a chopstick rest. It's very popular among tourists.
それは箸置きです。旅行客の間でとても人気があります。

お客様：I bought chopsticks, so it might be good to get some of these.
箸を買ったので、いくつか買ってもいいかもしれない。

あなた：We have them in other shapes, such as animals or vegetables.
動物や野菜など他にも形がありますよ。

お客様：I'd like to see them.
それも見たいです。

2　こちらは今年の流行です。

Step 1　チャンツで重要単語・表現を覚える DL-050

□ 091
trendy
/tréndi/
▶ 形 流行の先端を行く、最新流行の

□ 092
gorgeous
/gɔ́ː(r)dʒəs/
▶ 形 華やかな、とても美しい、魅力的な、素晴らしい、豪華な

□ 093
prefer
/prifə́ː(r)/
▶ 動 （むしろ）～の方を好む、～の方を選ぶ、～の方を望む

□ 094
classic
/klǽsik/
▶ 形 （服装・デザイン・様式などが）定番の、シンプルで上品な、第一級の、一流の、（事例・方法などが）典型的な

□ 095
favorite
/féivərit/
▶ 名 （人の）お気に入り、大好きな人
形 一番好きな、（最も）お気に入りの

□ 096
customer
/kʌ́stəmə(r)/
▶ 名 顧客、取引先、得意先、常連

はやりの商品ばかりが人気商品とは限らない。お客様の好みを聞き出し、希望の商品を薦められるよう、臨機応変な対応の仕方を練習しよう。

Step 2 ダイアログを聞く DL-051　**Step 3** ロールプレイで音読！ DL-052

あなた：This is trendy this year.
こちらは今年の流行です。

お客様：**It's gorgeous, but I'd prefer a simple or classic one.**
華やかですけど、私はシンプルかクラシックなものの方が好きです。

あなた：**How about this one?** This is a longtime favorite.
こちらはいかがですか？　ロングセラーの商品です。

お客様：**I like it, and it's the right size.**
気に入りました、サイズもぴったりです。

あなた：A lot of customers like this timeless design.
多くのお客様がこの飽きのこないデザインを気に入ってくださいます。

お客様：**I see.**
そうなんですか。

Chapter 1 来客・レジ対応
Chapter 2 商品紹介
Chapter 3 衣料品・化粧品販売
Chapter 4 食料品・雑貨販売
Chapter 5 家電販売
その他の語彙・フレーズ

3　こちらは限定モデルです。

Step 1　チャンツで重要単語・表現を覚える 》DL-053

☐ 097
kind
/káind/
▸ 名 (〜の) **種類、タイプ、類** (of 〜)

☐ 098
pattern
/pǽtə(r)n/
▸ 名 **柄、模様、デザイン、**(行動などの) **型、様式**

☐ 099
limited
/límitid/
▸ 形 (数・量などが) **限られた、限定の、十分でない**

⊕ be limited to 〜で「〜に限定される」の意味となる

☐ 100
edition
/idíʃn/
▸ 名 (出版物などの) **版、**(雑誌の) **号、**(テレビ・ラジオ番組の) **回**

☐ 101
expensive
/ikspénsiv/
▸ 形 **高価な、費用のかかる**

☐ 102
opportunity
/ɑ̀pə(r)t(j)úːnəti | ɔ̀pətjúː-/
▸ 名 **機会、好機**

限定品はお客様にとっても魅力の商品。少し値段が高くても、購入価値があることをアピールしよう。

Step 2 ダイアログを聞く DL-054　**Step 3** ロールプレイで音読！DL-055

お客様：**I've never seen this kind of pattern before.**
この種類の柄は今まで見たことありませんね。

あなた：**This is a limited-edition model.**
こちらは限定モデルです。

お客様：**Oh, it's limited to Japan.**
ああ、日本限定ですね。

あなた：**Even in Japan, you can buy these only in Kyoto.**
日本でも京都でしか手に入りません。

お客様：**I like it, but it's a little bit expensive.**
気に入りましたが、ちょっと高いですね。

あなた：**I'd recommend taking this opportunity.**
この機会を利用することをお勧めします。

4　こちらが最新モデルです。

Step 1　チャンツで重要単語・表現を覚える 》DL-056

□ 103
advanced
/ədvǽnst | -vɑ́:nst/
▶ 形 （思想・技術などが）進歩的な、先進的な、上級者用の、高度な

□ 104
latest
/léitist/
▶ 形 最新の、最近の
➊ 形容詞lateの最上級

□ 105
What about ～?
▶ ～（して）はどうですか？／～はどうなっていますか？／～についてはどう思いますか？

□ 106
performance
/pə(r)fɔ́:(r)məns/
▶ 名 （機械などの）性能、（音楽・劇などの）演奏、公演

□ 107
powerful
/páuə(r)fl/
▶ 形 （機械・作用などが）強力な、高性能の

□ 108
electricity
/ilèktrísəti/
▶ 名 電気、電力、電流

新商品の情報はお客様が一番知りたがるもの。従来の商品との違いやアピールしたいところをひと通り説明できるようにしておきたい。

Step 2 ダイアログを聞く DL-057　**Step 3** ロールプレイで音読！ DL-058

お客様：**I'd like to see the advanced model of this.**
これの上位モデルが見たいのですが。

あなた：**Well, this is the latest model.**
ええと、こちらが最新モデルです。

お客様：**It's very light. What about its performance?**
すごく軽いですね。性能はどうなんですか？

あなた：**It is much more powerful than conventional ones.**
従来品より大幅にパワーがアップしています。

お客様：**Sounds good.**
いいですね。

あなた：**Moreover, it uses less electricity.**
その上、少ない消費電力で済みます。

5　こちらの品は20%オフです。

Step 1　チャンツで重要単語・表現を覚える DL-059

□ 109
adorable
/ədɔ́:rəbl/
▶ 形 とてもかわいらしい、非常に愛らしい

□ 110
percent
/pə(r)sént/
▶ 名 パーセント

□ 111
reduce
/rid(j)ú:s | ridjú:s/
▶ 動 ～（数量・程度・値など）を減らす、～を小さくする、～を縮小させる

□ 112
price
/práis/
▶ 名 値段、価格

□ 113
tag
/tǽg/
▶ 名 値札、下げ札、付け札、貼り札

□ 114
on sale
▶ 特価で、販売されて、特価販売の

気に入った商品が見つかった様子。積極的にお客様の元へ行ってお得な情報を伝えよう。欲しい商品が割り引きだったらお客様の満足度もアップするはず。

Step 2 ダイアログを聞く DL-060　**Step 3** ロールプレイで音読！DL-061

お客様：**Hey, look at this. It's adorable.**
ねえ、これ見て。かわいいね。

あなた：**These items are 20 percent off.**
こちらの品は20%オフです。

お客様：**Is this the reduced price?**
これが割引後の値段ですか？

あなた：**No, it's not. They are 20 percent off the price on the tag.**
いいえ、違います。値札から20%オフです。

お客様：**Are these all on sale?**
これらは全部セール品ですか？

あなた：**Those items on that shelf are not on sale.**
そちらの棚の商品はセール除外品です。

6　3つお買い上げで2,000円です。

Step 1　チャンツで重要単語・表現を覚える》DL-062

□115
discount
/dískaunt/
▶ 名 割り引き、値引き

□116
apply to ～
▶ （法・規則・言葉などが）～に当てはまる、～に適用される、～に適合する

□117
around
/əráund/
▶ 前 ～の近くに（で）、～の周りに、～を囲んで

□118
mark
/mɑ́:(r)k/
▶ 動 ～に印を付ける

□119
sticker
/stíkə(r)/
▶ 名 ステッカー、のり付きラベル

□120
choose
/tʃú:z/
▶ 動 ～を選ぶ
活用 過去：chose /tʃóuz/ | 過去分詞：chosen /tʃóuzn/

店内に大きく書かれたお買い得情報。でも日本語が読めないお客様は知るすべもない。積極的に話し掛けて教えてあげよう。

Step 2 ダイアログを聞く DL-063　**Step 3** ロールプレイで音読！ DL-064

お客様：**How much are these?**
これらはいくらですか？

あなた：**They are 800 yen each, but it will be 2,000 yen if you buy three.**
1つ 800 円ですが、3つお買い上げで 2,000 円です。

お客様：**Does the discount apply to items around here?**
このあたりの商品はその割り引きの対象ですか？

あなた：**It applies to items marked with this sticker.**
このシールが付いている商品が割引対象です。

お客様：**OK. Then, I'm going to choose six.**
わかりました。じゃあ、6つ選びます。

あなた：**Please use this basket.**
こちらのかごをお使いください。

7　こちらの方が長持ちします。

Step 1　チャンツで重要単語・表現を覚える DL-065

□ 121
interest
/ínt(ə)rəst/
▸ 動 ～（人）**に興味を湧かせる、～に関心を持たせる**

□ 122
high-end
▸ **高級な、高性能の**

□ 123
brand
/brǽnd/
▸ 名 **銘柄、ブランド、商標、**（ブランドの）**商品、品質**

□ 124
use
/júːs/
▸ 名（～を）**使うこと、使用、利用**（of ～）

➕動詞の発音は /júːz/ で、「～（道具・方法など）を使う、～を利用する」の意味

□ 125
durable
/d(j)ú(ə)rəbl/
▸ 形 **長持ちする、耐久力のある、永続的な**

□ 126
handle
/hǽndl/
▸ 動（車・機械などが）**扱える、操縦できる、～**（物）**に手を触れる、～**（物）**を手に取る、～を手で扱う**

海外でも太鼓判を押されている日本製品の品質の高さ。どこが優れているのか、ピンポイントで説明できるようによく使うフレーズを練習しよう。

Step 2 ダイアログを聞く DL-066　**Step 3** ロールプレイで音読！ DL-067

あなた：**Is there anything that interests you?**
何か気になるものはございますか？

お客様：**Why is this one more expensive than the others?**
なぜこちらのものは他のものより高いんですか？

あなた：**That's because it is a high-end Japanese brand.**
日本の高級ブランドだからです。

お客様：**Is this actually better for use?**
実際に使うにもこちらの方がいいんですか？

あなた：**Everyone says that it is more durable and easier to handle.**
こちらの方が長持ちしますし、扱いやすいと皆さんおっしゃいます。

お客様：**That sounds great.**
良さそうですね。

8　私も使っています。お薦めです。

Step 1　チャンツで重要単語・表現を覚える 》DL-068

☐ 127
nice
/náis/ ▶
形 **良い、素敵な、人を引き付ける、快い**

☐ 128
perfect
/pə́:(r)fikt/ ▶
形 **ぴったりの、完全な、完璧な、申し分ない、全部そろった、理想的な**
比較：more perfect｜最上：most perfect

☐ 129
waterproof
/wɔ́:tə(r)prù:f/ ▶
形 （服などが）**水を通さない、防水の、耐水の**

☐ 130
color
/kʌ́lə(r)/ ▶
名 **色、色彩、色調、色合い**

☐ 131
taste
/téist/ ▶
名 **好み、嗜好**（しこう）**、センス、風味、味覚**
➕to one's tasteは「～の好みに合って」の意味

☐ 132
same
/séim/ ▶
形 **同一の、同じ**
➕この意味では通常the sameで用いる

商品説明を長々とするより、販売員から「自分も使っている」と聞くだけで、お客様の安心度はぐんとアップ。希望にぴったりの商品を見つけてあげよう。

Step 2 ダイアログを聞く DL-069　**Step 3** ロールプレイで音読！DL-070

お客様：**I've been looking for a nice gym bag.**
いい感じのジム用のかばんを探していたんです。

あなた：**In that case, this will be perfect.**
それでしたら、こちらがぴったりです。

お客様：**Yeah, this is waterproof, right?**
ええ、これは防水ですよね？

あなた：**Yes, it is. I have one, too. I'd recommend it.**
はい、そうです。私も使っています。お薦めです。

お客様：**Hmm ... actually, the color is not to my taste.**
うーん・・・実のところ、色が好みではないんですよね。

あなた：**I will bring you the same one in other colors.**
同じ物の色違いをお持ちいたしますね。

9 お1人様1点限りです。

Step 1 チャンツで重要単語・表現を覚える DL-071

□ 133
per
/pə́ː(r) ; ((弱))pə(r)/
▸ 前 ～につき、～ごとに

□ 134
put ～ back
▸ ～を（元の場所・位置に）戻す

□ 135
stand
/stǽnd/
▸ 名（物を載せたり掛けたりする）台

□ 136
take care of ～
▸ ～を引き受ける、～の世話をする、～に気を配る

□ 137
appreciate
/əpríːʃièit/
▸ 動 ～を感謝する、～をありがたく思う

□ 138
over there
▸ 向こうに、あちらに

一度にたくさんの日本製品を買い占めるお客様を見掛けたら、きちんと注意をしよう。そっけない言い方にならないよう、丁寧な対応を心掛けたい。

Step 2 ダイアログを聞く DL-072　**Step 3** ロールプレイで音読！DL-073

あなた：**Excuse me, sir. These are limited to one per customer.**
すみません、お客様。こちらはお1人様1点限りです。

お客様：**Oh, I didn't know that. So, I have to put these back on the stand.**
ああ、知りませんでした。じゃあ、これを台に戻さなければ。

あなた：**You don't have to. I'll take care of them.**
その必要はありません。こちらでやっておきます。

お客様：**I appreciate it.**
ありがとうございます。

あなた：**Is anyone with you?**
お連れの方はいらっしゃいますか？

お客様：**Yes. That's my friend over there, so we'll take two.**
はい。あっちにいるのは友達なので、2人で2つ買います。

Chapter 1 来客・レジ対応
Chapter 2 商品紹介
Chapter 3 衣料品・化粧品販売
Chapter 4 食料品・雑貨販売
Chapter 5 家電販売
その他の語彙・フレーズ

10　在庫を確認します。

Step 1　チャンツで重要単語・表現を覚える 》DL-074

□ 139
stock
/sták | stɔ́k/
▸ 名 **在庫品、ストック、仕入れ品、**（〜の）**蓄え、備蓄**（of 〜）
＋「在庫がある」はin stock、「在庫がない」はout of stockという

□ 140
unfortunately
/ʌnfɔ́:(r)tʃənitli/
▸ 副 **残念なことに、不幸にも、あいにく、悲しいことに**

□ 141
temporarily
/tèmpərérəli | témpərər-/
▸ 副 **一時的に、仮に、つかの間**

□ 142
next
/nékst/
▸ 形 **次の、来〜、翌〜**

□ 143
shipment
/ʃípmənt/
▸ 名 **出荷、発送、輸送、**（海路・陸路・空路による貨物の）**積み込み、積み荷**

□ 144
arrive
/əráiv/
▸ 動 （人・乗り物などが）**着く、到着する**

お客様から在庫について聞かれた。在庫切れの場合は、入荷時期を具体的に教えてあげよう。そうすればお客様が今後の旅程を組みやすくなる。

Step 2 ダイアログを聞く DL-075　**Step 3** ロールプレイで音読！ DL-076

お客様：**Do you have this color in stock?**
この色の在庫はありますか？

あなた：**Please wait a little while I check our stock.**
在庫を確認しますので、少々お待ちください。

お客様：**Sure.**
ええ。

あなた：**Thank you for waiting. Unfortunately, these are temporarily out of stock.**
お待たせしました。残念ながら、こちらは現在在庫がありません。

お客様：**When will it be back in stock?**
在庫はいつ入りますか？

あなた：**Our next shipment will arrive on September 1st.**
再入荷日は9月1日です。

11 申し訳ありません、そちらは完売です。

Step 1 チャンツで重要単語・表現を覚える DL-077

□ 145 **shirt** /ʃə́ː(r)t/	名（男性用の）**ワイシャツ**
□ 146 **large** /lάː(r)dʒ/	形（服・食べ物などが）**Lサイズの、大の、大きい、広い、**（数・量が）**多い** ここでは名詞的に用いられている
□ 147 **be sold out**	（チケット・商品などが）**売り切れている**
□ 148 **order** /ɔ́ː(r)də(r)/	動 〜（商品・品物）**を注文する、〜を取り寄せる**、（レストランなどで）（飲食物を）**注文する、オーダーする**
□ 149 **at the soonest**	**早くても**
□ 150 **similar** /símələ(r)/	形（〜に／〜の点で）**似た、類似した、同様の、同じような**（to 〜／in 〜）

お客様の希望の商品がすでに完売！　取り寄せた場合はどのくらい日にちがかかるかを必ず伝えよう。似た商品を提案しても。

Step 2 ダイアログを聞く DL-078　**Step 3** ロールプレイで音読！ DL-079

お客様：**Do you have this shirt in a large?**
このシャツのＬサイズはありますか？

あなた：**We are sorry, it is sold out. We can order it from another store.**
申し訳ありません、そちらは完売です。他店から取り寄せることはできますが。

お客様：**How long will it take?**
どのくらいかかりますか？

あなた：**It will take three days at the soonest.**
早くても3日はかかります。

お客様：**Oh, no. I can't wait that long.**
困ったな。そんなに待てないんですよね。

あなた：**Let me show you something similar.**
似ている商品をご紹介いたします。

12　そちらの商品は当店で扱っていません。

Step 1　チャンツで重要単語・表現を覚える 》DL-080

□ 151
toy
/tɔ́i/
▶ 名 おもちゃ、玩具、娯楽物

□ 152
photo
/fóutou/
▶ 名 写真

□ 153
carry
/kǽri/
▶ 動 ～（商品・品物）を扱っている、～を売っている、～を持ち歩く、～を携帯する

□ 154
guidebook
/gáidbùk/
▶ 名 旅行案内書、ガイドブック、手引書

□ 155
say
/séi/
▶ 動（手紙・本・新聞・掲示などが）～と書いてある、～と伝えている、～と言う
活用 過去・過去分詞：said /séd/

□ 156
assume
/əsú:m | əs(j)ú:m/
▶ 動（証拠はないが）～と仮定する、～と思い込む、～とみなす

お客様が勘違いして店内に入ってきた様子。求めている商品を聞き出して、どの店に行けばよいのか一緒に探してあげよう。

Step 2 ダイアログを聞く DL-081　**Step 3** ロールプレイで音読！ DL-082

お客様：**Hi. Do you have the toy in this photo?**
こんにちは。この写真のおもちゃは置いていますか？

あなた：**We don't carry that item.**
そちらの商品は当店で扱っていません。

お客様：**Are you sure? This guidebook says it can be found here.**
確かですか？　このガイドブックにはここにあると書いてあるんですけど。

あなた：**This store is not the one in the guidebook.**
ここはそのガイドブックのお店ではありません。

お客様：**Do you know where it is? I assume it's near here.**
そのお店がどこにあるか知っていますか？　この近くではあると思うんですが。

あなた：**It's on the 10th floor of this building.**
この建物の10階にあります。

13　入荷したらご連絡した方がよろしいですか?

Step 1　チャンツで重要単語・表現を覚える DL-083

☐ 157
hold
/hóuld/
▸ 動 **～を取っておく、～を**（後で使うために）**取り置いておく、～を持っている、～をつかむ、～**（会・式など）**を催す、電話を切らずにいる**
活用 過去・過去分詞：held /held/

☐ 158
end
/énd/
▸ 名（時間・物事・活動の）**終わり**（の部分）、**結末、終了、終結、停止**

☐ 159
month
/mʌ́nθ/
▸ 名（暦の）**月、ひと月、1カ月**（間）

☐ 160
write
/ráit/
▸ 動 **～**（文字・数字など）**を書く**
活用 過去：wrote /róut/ | 過去分詞：written /rítn/

☐ 161
information
/ìnfə(r)méiʃn/
▸ 名 **情報、ニュース、報道、資料、データ**

☐ 162
form
/fɔ́:(r)m/
▸ 名 **用紙、**（文書などの）**書式、形式**

商品を入荷したらお客様に連絡することに！　連絡先は、お客様に用紙に書いてもらったら、間違いがないか声に出して一緒に確認しよう。

Step 2 ダイアログを聞く DL-084　**Step 3** ロールプレイで音読！ DL-085

お客様：**Could you <u>hold</u> it for me when it arrives?**
それが入荷したら取り置きはできますか？

あなた：**We're sorry, but we can't hold it for you.**
すみませんが、お取り置きはできません。

お客様：**All right. I'll come again.**
わかりました。また来ます。

あなた：**Would you like us to contact you when it arrives?**
入荷したらご連絡した方がよろしいですか？

お客様：**Yes, please, if it arrives by the <u>end</u> of this <u>month</u>.**
はい、もし今月末までに入荷するなら、お願いします。

あなた：**It'll arrive by then. Please <u>write</u> your contact <u>information</u> on this <u>form</u>.**
それまでには届きます。こちらの用紙にご連絡先をご記入ください。

14　ご配送されますか、それともお持ち帰りになりますか?

Step 1　チャンツで重要単語・表現を覚える》DL-086

□ 163
deliver
/dilívə(r)/
▶ 動 ～（品物・手紙など）**を配達する、届ける、～**（伝言など）**を伝える**

□ 164
abroad
/əbrɔ́:d/
▶ 副 **外国に**（で、へ）、**海外で**（に、へ）

□ 165
overseas
/òuvə(r)sí:z/
▶ 副 **海外へ**（に）、**外国へ**（に）、**海外で**

□ 166
hotel
/houtél/
❶ 発音注意
▶ 名 **ホテル、旅館**

□ 167
stay
/stéi/
▶ 動（～に／人の家に）**泊まる、滞在する**（at[in] ～／with ～）、（場所に）**とどまる、～の**（状態の）**ままでいる**（ある）

□ 168
delivery
/dilívəri/
▶ 名（手紙・品物などの）**配達、配送、出前**

観光の途中で買い物に立ち寄ったお客様。できれば直接国に送りたい様子。配送の対応をするためのフレーズをよく覚えて、接客にチャレンジ！

Step 2 ダイアログを聞く DL-087　**Step 3** ロールプレイで音読！ DL-088

お客様：**I'll take this one.**
これを買います。

あなた：**Would you like this delivered? Or will you take it with you?**
ご配送されますか？　それともお持ち帰りになりますか？

お客様：**I'm from Australia. Can you deliver this abroad?**
オーストラリアから来ているんです。これは海外発送が可能ですか？

あなた：**Sorry, we don't ship overseas.**
すみません、海外発送は行っていません。

お客様：**Then, can you deliver it to my hotel?**
じゃあ、ホテルへは配送できますか？

あなた：**Sure. If you are staying in Tokyo, the earliest delivery date is June 8th.**
はい。都内にご宿泊中でしたら、お届けは最速で6月8日です。

15　贈り物ですか、それともご自宅用ですか？

Step 1　チャンツで重要単語・表現を覚える》DL-089

□ 169 **gift** /gíft/	名（記念・感謝の）**贈り物、ギフト、贈答品**
□ 170 **for oneself**	**自分**（自身）**のために、**（人に頼らず）**自分で、独力で**
□ 171 **wrap** /rǽp/	動 **～を**（…で）**包む、～を覆う、～**（贈り物・製品など）**を**（…で）**包装する**（wrap ～ in ...）
□ 172 **separately** /sépəritli/	副 **別々に、それぞれに、独立して**
□ 173 **together** /təgéðə(r)/	副 **合わせて、一つにして、全部で、**（人と）**一緒に、集まって**
□ 174 **extra** /ékstrə/	形 **余分の、追加の、割り増しの**

贈り物か自宅用か、個別に包むか一つにまとめるかなど、包装方法について細かく尋ねるために、定番のフレーズは丸ごと覚えて繰り返し練習しよう。

Step 2 ダイアログを聞く 》DL-090 **Step 3** ロールプレイで音読！》DL-091

お客様：**Hello, may I pay here?**
こんにちは、お会計いいですか？

あなた：**Hi. Are these gifts or for yourself?**
こんにちは。贈り物ですか、それともご自宅用ですか？

お客様：**They are gifts.**
贈り物です。

あなた：**Would you like these wrapped separately or together?**
こちらは個別にお包みしますか、それとも一つにまとめますか？

お客様：**Separately, please. Can I have two extra bags?**
個別でお願いします。袋を2枚余分にもらえますか？

あなた：**Certainly. Please have a seat while you wait.**
かしこまりました。お掛けになってお待ちください。

16　贈り物用にお包みしましょうか?

Step 1 チャンツで重要単語・表現を覚える DL-092

□ 175
picture frame
写真立て

□ 176
cushioning
/kúʃniŋ/
名 (梱包する際の) **緩衝材**

□ 177
fragile
/frǽdʒəl | -dʒail/
形 (物が) **壊れやすい、**(事が) **もろい、弱い、脆弱** (ぜいじゃく) **な、不安定な**

□ 178
bubble
/bʌ́bl/
名 **気泡、泡、シャボン玉、泡のように実体のないもの**
+bubble wrapで「気泡シート」

□ 179
break
/bréik/
動 **~を壊す、壊れる、割れる、~を故障させる**
活用 過去:broke /bróuk/ | 過去分詞:broken /bróukən/

□ 180
securely
/sikjúə(r)li/
副 **しっかりと、安全に、確実に**

海外からのお客様は贈り物やお土産用に買い物をすることが多い。会計時に、特別な包装が必要かどうかを聞くのを習慣づけよう。

Step 2 ダイアログを聞く 》DL-093　**Step 3** ロールプレイで音読！》DL-094

あなた：Would you like this picture frame wrapped as a gift?
この写真立ては贈り物用にお包みしましょうか？

お客様：No, thank you. Could you put in some cushioning? It looks fragile.
いえ、大丈夫です。衝撃緩衝材を入れてもらえますか？　壊れやすそうなので。

あなた：Let me wrap it in bubble wrap.
気泡緩衝材でお包みしますね。

お客様：Great. I don't want to break it on this trip.
よかった。旅行中に壊したくないんです。

あなた：Please look around while you wait.
店内をご覧になってお待ちください。

お客様：OK. Please wrap it securely.
わかりました。しっかりと包んでくださいね。

17　袋を一つにおまとめしましょうか?

Step 1　チャンツで重要単語・表現を覚える 》DL-095

□ 181
else
/éls/
▸ 副 他に、その他の

□ 182
piece
/pí:s/
▸ 名（～の）1個、1つ（of ～）

□ 183
tape
/téip/
▸ 名 接着テープ、セロハンテープ、（紙・布製の）テープ、平ひも

□ 184
Shall I ～?
▸ ～しましょうか?

□ 185
bother
/báðə(r) | bɔ́ðə/
▸ 動 ～（人）を悩ます、～を心配させる、～を困らせる、（人）に面倒を掛ける、心配する、気に掛ける

□ 186
all day
▸ 一日中

最近はレジ袋が有料の店も出てきているが、一方で、レジ袋をたくさん手に持っているお客様には、荷物を一つにまとめてあげるなどの気配りも大切。

Step 2 ダイアログを聞く DL-096　**Step 3** ロールプレイで音読！DL-097

あなた：**Would you like anything else?**
他にはよろしいですか？

お客様：**No. I've looked around enough.**
はい。もう十分に見ました。

あなた：**Is it OK if I just mark it with a piece of tape?**
テープを貼るのみでよろしいですか？

お客様：**I need a bag, please.**
袋が欲しいです。

あなた：**OK. Shall I put all your bags into one bag?**
わかりました。袋を一つにおまとめしましょうか？

お客様：**That's very kind of you. Actually, these were bothering me all day.**
ご親切にありがとうございます。実はずっと邪魔だったんです。

18　こちらの財布を忘れていかれましたよ。

Step 1　チャンツで重要単語・表現を覚える DL-098

□ 187
forget
/fə(r)gét/
▶ 動 **～を忘れる、～を思い出せない、～**（物）**を置き忘れる**
活用 過去：forgot /fə(r)gát | fəgɔ́t/ | 過去分詞：forgotten / fə(r)gátn | fəgɔ́tn/, forgot

□ 188
wallet
/wálit/
▶ 名 **財布、札入れ**

□ 189
search
/sə́:(r)tʃ/
▶ 動 **～を捜す、～を調べる、～を捜索する、**（解決法・答えなどを）**探求する**

□ 190
backpack
/bǽkpæ̀k/
▶ 名 **リュックサック**

□ 191
contents
▶ 名（容器・部屋などの）**中身、中にあるもの**
➕content /kántent | kɔ́n-/の複数形

□ 192
nothing
/nʌ́θiŋ/
▶ 代 **何も～ない**

接客中に商品を販売することに集中し過ぎてお客様への気配りを忘れることがないよう気を付けたい。荷物の置き忘れがないかマメにチェックしよう。

Step 2 ダイアログを聞く DL-099　**Step 3** ロールプレイで音読！ DL-100

あなた：**Excuse me. You have forgotten this wallet.**
すみません。こちらの財布を忘れていかれましたよ。

お客様：**Oh, thank you. I was searching my backpack for it.**
ああ、ありがとうございます。リュックの中を捜していたんです。

あなた：**Please check the contents just in case.**
念のため中身を確認してください。

お客様：**Nothing has been lost, I think.**
何もなくなっていないと思います。

あなた：**I see. Anyway, thank you for shopping with us today. Bye.**
そうですか。ともかく、本日はお買い物いただき、ありがとうございました。それでは。

お客様：**Thank you very much for this.**
本当にありがとうございました。

19　何も届いていません。

Step 1　チャンツで重要単語・表現を覚える 》DL-101

□ 193 **bakery** /béikəri/	名 **パン屋、パン**（ケーキ）**販売店、パン**（ケーキ）**製造所、製パン所** ➕「パン焼き職人、パン製造業者」はbaker
□ 194 **avenue** /ǽvən(j)ùː ǀ -njùː/	名 **大通り、本通り** ➕「～街」という場合にはAvenueを通りの名前と用いる
□ 195 **camera** /kǽm(ə)rə/	名 **カメラ、写真機、**（映画・テレビ撮影用の）**カメラ**
□ 196 **somewhere** /sʌ́m(h)wὲə(r) ǀ -wὲə/	副 **どこかで、どこかへ**（に） ➕somewhereは通例肯定文で用い、否定文・疑問文・条件節では通例anywhereを用いる
□ 197 **hold on**	（電話で）**切らずに待つ、**（少しの間）**待つ**
□ 198 **none** /nʌ́n/	代 **何も～ない、誰も～ない**

忘れ物の問い合わせの電話がかかってきた。なるべく大きな声でゆっくりと話すことを心掛けたい。よく使うフレーズはメモして電話の側に置いておくのも手。

Step 2 ダイアログを聞く 》DL-102　**Step 3** ロールプレイで音読！》DL-103

あなた：Hello, this is ABC bakery on Omotesando Avenue.
もしもし、ABC ベーカリー表参道店です。

お客様：**Hello. I bought some things at your store this morning.**
もしもし。今朝そちらで買い物をした者ですが。

あなた：How can I help you?
どうかなさいましたか？

お客様：**I've lost my camera somewhere. Has it been found there?**
どこかでカメラをなくしてしまいまして。そちらで見つかっていないでしょうか？

あなた：Hold on, please. **We're sorry, none have been turned in.**
お待ちください。申し訳ありませんが、何も届いていません。

お客様：**I see. If someone finds it later, please call me back at this number.**
そうですか。もし後で誰かが見つけたら、この番号にかけ直してください。

Column 2

言えたら便利!とっさのフレーズ集2

迷子・呼び出し編

とっさに言えたらお客様の助けになること間違いなし!のフレーズをご紹介。
観光客の迷子や迷子を捜す親には、こんな風に声をかけましょう。

【親に】男の子ですか、女の子ですか?

Is it a boy or a girl?

My child is lost!(子どもが迷子になった!)と話しかけられたら、まずは性別を確認しましょう。さらに年齢は、How old is he〔she〕?(お子様は何歳ですか?)と確認します。

【親に】お子様の特徴を教えてください。

Please tell me what your child looks like.

続けて、見た目の特徴を確認しましょう。your child(お子様)は、your son(息子さん)、your daughter(お嬢さん)と言い換えても OK。メモを取りながら聞けるとベストです。

【親に】館内放送でお呼び出しいたします。

I'll announce it over the PA.

PA は public address (system) の略で施設内の「拡声装置」のこと。館内放送を別の担当者に引き継ぐなら、主語を We に変えます。担当部署まで案内する際は、Please follow me.(ついてきてください)で先導します。

【子どもに】どこから来たの? 誰と一緒に来たの?

Where do you come from? Who are you with?

文法的には Who were you with? でも間違いではありませんが、はぐれてしまっていることをいたずらに意識させないよう、現在形の are を使うとよいでしょう。最初に Are you lost?(迷子なの?)と声をかけても。

【子どもに】大丈夫だよ。

You'll be all right.

とにかく安心させてあげるには、このように声をかけます。迷子の呼び出しをする事務所に連れて行ってあげるなら、Let's go to the office together.(一緒に事務所に行こうね)と言い、手を引いてあげましょう。

Chapter 3
衣料品·化粧品店での接客

このChapterでは、鏡をご案内したり、試着に立ち合ったりといった衣料品・化粧品販売で重要なフレーズをマスターします。

例えばこんなフレーズ!

「衣料品·化粧品販売」の定番フレーズ

Step 1 ダイアログを聞く 》DL-104　**Step 2** ロールプレイで音読！》DL-105

あなた：**What is your size?**
サイズはおいくつですか？

お客様：**It's medium.**
M です。

衣料品のサイズ表記は国によって違うので、各国のサイズ比較表（sizing-chart）を用意しておくと便利。英語では S は small、L は large、XS と XL はそれぞれ extra small、extra large と言う。

お客様：**What size is this?**
これは何サイズですか？

あなた：**It's one-size-fits-all.**
フリーサイズです。

「フリーサイズ」は英語では one-size-fits-all と言う。洋服の「9号サイズ」などと言う場合は a size nine と表す。靴のサイズの場合、25.5 cm だったら twenty five and a half centimeters と発音する。

お客様：**I like this one.**
これが気に入りました。

あなた：**Please feel free to try it on.**
どうぞお気軽にご試着ください。

試着するときにサイズを聞くなら、Which size would you like to try?「どのサイズをお試しになりますか？」と聞こう。try ~ on は服以外でも時計、アクセサリーなど装飾品にも使える表現。

まずはコレだけ！

衣料品のサイズや試着・化粧品の説明に必要なフレーズを覚えよう。音声をよく聞いて、「あなた」のパートを繰り返し練習しよう。

あなた：**You can take a maximum of three items into the fitting room.**
試着室へのお洋服の持ち込みは3点までです。

お客様：**I see.**
わかりました。

a maximum of ～で「最大で～」を表すことができる。「最小で～」は a minimum of ～。

あなた：**We have this in pink and navy blue.**
こちらはピンクとネイビーもございます。

お客様：**Would you show me the pink one?**
ピンクを見せてもらえますか？

他の色は sky blue/light blue「水色」、beige「ベージュ」、off-white「オフホワイト」などと言う。濃淡を表す pale/light「薄い」、deep「濃い」や、bright「明るい」、dark「暗い」などの形容詞と組み合わせれば、多くの色を表現できる。

あなた：**Do you have any allergies?**
何かアレルギーはありますか？

お客様：**No, I don't.**
ありません。

化粧品や食品を売る際にアレルギーの有無を聞くときの表現を覚えておこう。アレルギーではなくても、my lips are sensitive to lipstick「唇が口紅にかぶれやすい」などと言われることもある。

1　お鏡で合わせてみてください。

Step 1　チャンツで重要単語・表現を覚える 》DL-106

□ 199
have a look ▸ 見る、ちらっと見る

□ 200
mirror
/mírə(r)/ ▸ 名 鏡、（～を）忠実に映し出したもの、（～の）鏡（of ～）

□ 201
tight fit ▸ （衣服などが）ぴったりしていること、きついこと

□ 202
stretchy
/strétʃi/ ▸ 形 伸縮性がある

□ 203
for sure ▸ 確かに、確実に、絶対

□ 204
coordinate
/kouɔ́:(r)dənèit/ ▸ 動 ～を調整する、（服装・インテリアなどが）（～と）調和している（with ～）

さあ、ここからは衣料品販売の接客にチャレンジ！　まずは接客の第一歩、お客様へ鏡を勧めよう。

Step 2 ダイアログを聞く DL-107　**Step 3** ロールプレイで音読！ DL-108

あなた：Please have a look in the mirror.
お鏡で合わせてみてください。

お客様：It's not bad.
悪くないですね。

あなた：This is a tight fit, but it's very stretchy.
こちらはぴったりとしていますが、とても伸縮性があります。

お客様：For sure, it's easy to move in. That would be great because I have kids.
確かに動きやすいですね。子どもがいるので助かります。

あなた：It's easy to coordinate as well.
コーディネートもしやすいですよ。

お客様：I think so, too.
私もそう思います。

2　ご試着なさいますか?

Step 1　チャンツで重要単語・表現を覚える》DL-109

□ 205
try ～ on
▶ ～（服など）**を試しに着てみる**、～（靴など）**を試しに履いてみる、～を試着する**

□ 206
fitting room
▶ **試着室**

□ 207
take off ～
▶ ～（服・靴など）**を脱ぐ**

□ 208
shoe
/ʃúː/
▶ 名 **靴**

□ 209
cover
/kʌ́və(r)/
▶ 名 **覆い、カバー、包装、ふた**

□ 210
put ～ on
▶ ～（服など）**を身に着ける、～を着用する、～を着る、～を履く、～をかぶる**

➕take off ～「～を脱ぐ」の反意語

衣料品店での接客ではぜひお客様に試着を勧めよう。試着室に入る時に靴を脱ぐのは日本だけの習慣！　お客様へのひと言を忘れずに。

Step 2 ダイアログを聞く DL-110　**Step 3** ロールプレイで音読！ DL-111

お客様：**It's hard to choose one. These all look good.**
1つを選ぶのは難しいです。全部良さそうです。

あなた：**Would you like to try them on?**
ご試着なさいますか？

お客様：**Yes, please. Let me try these three.**
はい、お願いします。じゃあこの3つを試してみます。

あなた：**Here is the fitting room. Please take off your shoes.**
こちらが試着室です。靴はお脱ぎください。

お客様：**All right. Should I let you know when I finished?**
わかりました。終わったら声を掛けた方がいいですか？

あなた：**Yes, and please use a face cover when you put them on.**
お願いします、それと、着る際はフェイスカバーをお使いください。

3　ワンサイズ下のものをお持ちしますね。

Step 1　チャンツで重要単語・表現を覚える》DL-112

□ 211
feel
/fíːl/

動 **〜の感じがする**
活用 過去・過去分詞：felt /félt/

□ 212
shorten
/ʃɔ́ː(r)tn/

動 **〜**（時間・長さ・距離など）**を短縮する、短くなる**

□ 213
hemming
/hémiŋ/

名 **裾上げ**

□ 214
leg
/lég/

名 （人・動物の）**脚、ズボンの**（片方の）**脚部分、股下部分**

➕通例ももから足首までを指すが、脚全体を指すこともある。足首より下はfootを用いる

□ 215
narrow
/nǽrou/

形 **幅の狭い、細い、僅差の、**（考えなどが）**偏屈な**

□ 216
small
/smɔ́ːl/

形 （大きさが）**小さい、小柄の、**（数量が）**少ない、わずかな**

お客様の試着が終わった様子。「素敵ですよ」の一言がスムーズに言えるようになりたい。着心地やサイズについても確認しよう。

Step 2 ダイアログを聞く DL-113　**Step 3** ロールプレイで音読！ DL-114

お客様：**I've finished changing.**
着替え終わりました。

あなた：**It looks great on you. How does it feel?**
素敵ですよ。着心地はいかがですか？

お客様：**It's a little bit too long for me. It needs to be shortened.**
丈がちょっと長いです。詰める必要がありますね。

あなた：**We can do the hemming in an hour, if you want.**
必要でしたら、裾上げは1時間でできます。

お客様：**And I think the legs should be narrower.**
あと、もうちょっと脚の部分は細い方がいいような気がします。

あなた：**Then, I'll bring one a size smaller.**
では、ワンサイズ下のものをお持ちしますね。

4　他にもいくつかお薦めしてもよろしいですか?

Step 1　チャンツで重要単語・表現を覚える DL-115

□ 217
suit
/súːt | s(j)úːt/
▸ 動 (服装・色などが) ～ (人) に似合う、～に適する、～に合う、～を満足させる

□ 218
perfectly
/pə́ː(r)fiktli/
▸ 副 完璧に、申し分なく、(強調して) まったく、十分に

□ 219
different
/dífərənt/
▸ 形 (～と) 違った、異なった (from ～)、さまざまな、いろいろな

□ 220
imagine
/imǽdʒin/
▸ 動 ～を想像する、～を思い描く、～を心に浮かべる

□ 221
consider
/kənsídə(r)/
▸ 動 ～ (問題・懸案・計画など) をよく考える、～を検討する

□ 222
recommendation
/rèkəmendéiʃn/
▸ 名 勧め、勧告、提言、忠告

試着を済ませたお客様、どうも気に入らなかった様子。商品の購入につながるよう、他の商品も薦めてみよう。

Step 2 ダイアログを聞く DL-116　**Step 3** ロールプレイで音読！ DL-117

あなた：**That suits you perfectly. How do you like it?**
お客様にぴったりです。着てみていかがですか？

お客様：**Actually, it's a bit different from how I imagined it.**
実は、ちょっとイメージしたのと違っています。

あなた：**Shall I bring you the one you considered first?**
最初に検討していたものをお持ちしましょうか？

お客様：**Yes, please. I'll try it on, too.**
そうですね、お願いします。そちらも着てみます。

あなた：**May I give you some other recommendations?**
他にもいくつかお薦めしてもよろしいですか？

お客様：**Of course.**
ぜひお願いします。

5　サイズは合っていますか?

Step 1　チャンツで重要単語・表現を覚える DL-118

□ 223
fit
/fít/
▸ 動（服の寸法・大きさ・形などが）〜（人・物）**にぴったり合う、**（物・人の大きさ・種類・数などが）**収まる**

□ 224
waist
/wéist/
▸ 名 **腰、ウエスト、**（衣服の）**ウエスト、腰回り**

□ 225
usually
/júːʒuəli/
▸ 副 **普通は、いつもは、大抵、通例**

⊕ 通例一般動詞の直前、助動詞、be動詞の直後に置かれる

□ 226
wear
/wέə(r)/
▸ 動 〜（衣服・装飾品・靴など）**を身に着けている、〜を着ている、〜を**（体・衣服などに）**着けている、**（物などが）**すり減る、摩耗する**

活用 過去：wore /wɔː(r)/ | 過去分詞：worn /wɔː(r)n/

□ 227
though
/ðóu/
▸ 副 **でも、だけど、でもやっぱり**

□ 228
country
/kʌ́ntri/
▸ 名 **国、国家、祖国、田舎**

⊕「田舎」という場合はthe country（単数扱い）で表す

大きく異なる日本と海外のサイズ表示。さっと応えられるよう、主要な国のサイズと日本のサイズの早見表を準備しておくと便利！

Step 2 ダイアログを聞く DL-119　**Step 3** ロールプレイで音読！ DL-120

あなた：**Does this size fit you?**
サイズは合っていますか？

お客様：**It's too small for me around the waist. I usually wear a 36, though.**
腰回りがきついです。いつも 36 を着ているんですが。

あなた：**Which country's sizing would that be?**
どこの国のサイズですか？

お客様：**European sizing.**
ヨーロッパサイズです。

あなた：**Let me bring you a sizing chart.**
サイズ表をお持ちします。

お客様：**Thank you. That would be helpful.**
ありがとうございます。助かります。

6　ケースから出していくつかご覧になりますか?

Step 1　チャンツで重要単語・表現を覚える DL-121

□ 229
take A out of B
AをBからどける、AをBから取り出す、AをBから取り去る、AをBから取り除く

□ 230
take a look at ～
～を見る

□ 231
watch
/wátʃ | wɔ́tʃ/
名 腕時計、懐中時計

□ 232
even though ～
～であるけれども、～にもかかわらず

□ 233
self-winding
(時計が) 自動巻きの

□ 234
right away
直ちに、すぐに

商品を買う前に手に取り、その品質をチェックするのはごく普通の習慣。
お客様に直接商品に触れてもらい、納得してから購入してもらおう。

Step 2 ダイアログを聞く DL-122　**Step 3** ロールプレイで音読！DL-123

あなた：**Shall I <u>take</u> some items <u>out of</u> the case for you?**
ケースから出していくつかご覧になりますか？

お客様：**I'd like to <u>take a look at</u> this one and that one.**
これとあっちのものを見てみたいのですが。

あなた：**Sure. Here you go.**
かしこまりました。どうぞ。

お客様：**This <u>watch</u> is very thin, <u>even though</u> it's a <u>self-winding</u> watch. I'll take this.**
この時計は自動巻きなのに、とても薄いですね。これにします。

あなた：**Will you be wearing it <u>right away</u>?**
（会計後）今すぐ着けて帰られますか？

お客様：**Yes.**
はい。

7　ピアスの試着はできません。

Step 1　チャンツで重要単語・表現を覚える DL-124

□ 235
eye-catching
▸ 目を引く、人目を引く、目立つ

□ 236
swing
/swíŋ/
▸ 動 （前後・左右に）揺れる、揺れ動く、～を揺らす、～をぶらぶらさせる
活用 過去・過去分詞：swung /swʌŋ/

□ 237
in fashion
▸ 流行して、流行している

□ 238
be made of ～
▸ ～でできている、～で作られている

□ 239
gold-plated
▸ 金メッキの

□ 240
metal
/métl/
▸ 名 金属、合金

上手にお客様にお断りすることも接客のひとつ。試着ができない商品を試着したいと言われたときの切り返し方を練習しよう。

Step 2 ダイアログを聞く DL-125　**Step 3** ロールプレイで音読！ DL-126

お客様：**I like this design. It's eye-catching when it swings.**
このデザインいいですね。揺れると目を引きます。

あなた：**This type of pierced earring is in fashion this season.**
今季はこのタイプのピアスがはやっています。

お客様：**What are these made of?**
何でできていますか？

あなた：**These are made of 18-karat gold-plated metal.**
18 金メッキの金属でできています。

お客様：**Can I try these on?**
着けてみてもいいですか？

あなた：**We're very sorry, but you cannot try on these pierced earrings.**
大変申し訳ございません、このピアスの試着はできません。

8　普段お使いになる色は何色ですか?

Step 1 チャンツで重要単語・表現を覚える》DL-127

□ 241
liquid
/líkwid/

形 **液体の、液状の**

□ 242
foundation
/faundéiʃn/

名（肌に塗るクリーム・パウダーなどの）**ファンデーション、土台、**（物事の）**基礎**

□ 243
texture
/tékstʃə(r)/

名（織物・布地などの）**手触り、肌触り、織り方、**（物質の）**きめ、手触り**

□ 244
smooth
/smúːð/

形（表面が）**滑らかな、でこぼこしていない、**（物事が）**順調な、**（動きなどが）**滑らかな**

□ 245
furthermore
/fə́ː(r)ðə(r)mɔ̀ː(r) | fə̀ːðəmɔ́ː/

副 **さらに、その上**（に）**、おまけに、なお**

➕既出の内容を補足するような新しい情報を追加する場合に用いる

□ 246
brighten
/bráitn/

動 **～を**（色・光で）**明るくする、～を輝かせる、**（物が）（色・光で）**照らされる、明るくなる**

海外からの観光客にとても人気が高い日本の化粧品。化粧品の説明に必要な表現を覚えて接客に役立てよう。

Step 2 ダイアログを聞く DL-128　**Step 3** ロールプレイで音読！ DL-129

お客様：**Where can I find liquid foundation?**
リキッドファンデーションはどこにありますか？

あなた：**This way, please. What color do you usually use?**
こちらです。普段お使いになる色は何色ですか？

お客様：**I think these colors will match my skin tone.**
このあたりの色が私の肌の色には合うと思います。

あなた：**Well, I'd recommend this. It will give you clearer-looking skin.**
では、こちらがお勧めです。肌に透明感を出してくれますよ。

お客様：**Uh-huh. The texture is very smooth.**
へえ。質感がとても滑らかですね。

あなた：**Furthermore, it has a skin-brightening effect.**
その上、美白効果があります。

9　この化粧水はお肌に軽い使用感です。

Step 1　チャンツで重要単語・表現を覚える DL-130

□ 247
lotion
/lóuʃn/
▶ 名 化粧水、ローション

□ 248
oily
/ɔ́ili/
▶ 形（皮膚・髪が）脂性の、脂気の多い、油っこい、脂分の多い、油だらけの

□ 249
dry
/drái/
▶ 形（肌・唇・髪などが）脂気のない、潤いのない、（物が）乾いた、乾燥した、（天気・期間・地域などが）雨の（ほとんど）降らない

□ 250
moisturize
/mɔ́istʃəràiz/
▶ 動（化粧品で）保湿する、肌をしっとりさせる

□ 251
sticky
/stíki/
▶ 形 べとつく、（～で）べとべとする（with ～）、粘着性の、くっ付く

□ 252
be sure ～
▶ きっと～する

個人の肌によって使い心地の異なる化粧品。肌のタイプや使用感に関する単語や言い回しを覚えて、満足度の高い接客にチャレンジしよう。

Step 2 ダイアログを聞く DL-131　**Step 3** ロールプレイで音読！ DL-132

お客様：**Hello. Do you have skin lotion?**
こんにちは。化粧水はありますか？

あなた：**Yes, we do. Which type is your skin, oily or dry?**
はい、ございます。肌は皮脂が多いタイプですか、それとも乾燥肌ですか？

お客様：**I have dry skin, so I need one which has a moisturizing effect.**
乾燥肌なので、保湿効果のあるものがいいです。

あなた：**OK. This is for dry skin.**
わかりました。こちらがしっとりタイプ（乾燥肌向け）です。

お客様：**I don't like a sticky type. How does it feel on the skin?**
べとつくタイプは嫌です。肌への使用感はどうですか？

あなた：**This lotion feels light on the skin. I'm sure you'll be pleased with it.**
この化粧水はお肌に軽い使用感です。きっとお気に召していただけます。

Column 3

言えたら便利!とっさのフレーズ集3 万引き・盗難編

とっさに言えたらお客様の助けになること間違いなし！のフレーズをご紹介。
ちょっとアヤシイ動きをしているお客様や盗難に遭われたお客様へのひと言です。

会計はお済ませですか?

Have you paid for that?

店内の物をこっそり持ち出そうとしているお客様を見かけたらこのひと言。騒ぎになる前に、The cashier is over there.（レジはあちらですよ）などとフォローを。

かばんの中を見せてください。

Please let me look inside your bag.

bag は、かばんやバッグだけでなく、買い物袋などのことも表します。上のフレーズに続けて言えば、こちらの意図はより明確に伝わるでしょう。必要なときは、We'll call the police.（警察に通報します）と強い口調で。

最後にそれを見たのはいつですか?

When did you see it last?

落とし物か盗まれたかわからないけれど、何かをなくした、と言うお客様には、このように尋ねます。困っている様子でこちらから声をかけるなら、Is everything OK?（大丈夫ですか？）などがあります。

どこで盗まれたか、心当たりはありますか?

Any idea of where it was stolen?

盗難にあったことが確かなようなら、このように尋ねます。ショッピングモールなどの建物内なら、I'll take you to the office.（事務所までご案内します）と言って、担当者の所に連れていってあげましょう。

大使館の電話番号をお調べします。

Let me find the phone number of the embassy.

embassy〔émbəsi〕は「大使館」のこと。パスポートの盗難（紛失）などの深刻な事態なら、このように言ってあげると安心です。Where are you from?（どの国から来ましたか？）と尋ねて、国籍を確認しましょう。

1　約200年前から同じ技術で作られています。

Step 1　チャンツで重要単語・表現を覚える DL-135

□ 253 **traditional** /trədíʃənl/ ▶	形 伝統的な、伝統の
□ 254 **craft** /krǽft | krá:ft/ ▶	名 手工芸、手工業、手仕事
□ 255 **geometric** /dʒì:əmétrik/ ▶	形（模様・図形などが）幾何学的な、幾何学の
□ 256 **elaborate** /ilǽbərit/ ▶	形 精巧な、精密な、凝った、複雑な、（計画・研究などが）入念な
□ 257 **technique** /tekní:k/ ▶	名（科学・芸術などの）技術、手法、技法、技巧、要領、こつ
□ 258 **cool** /kú:l/ ▶	形 素晴らしい、格好いい、魅力的な、いけている、涼しい、ひんやりした

Chapter 4
食料品・雑貨（土産品）店での接客

このChapterでは、商品の素材や加工方法を説明したり、賞味期限を伝えたりするなど、食料品・雑貨（土産品販売）で重要なフレーズをマスターします。

例えばこんなフレーズ!

「食料品·雑貨販売」の定番フレーズ

Step 1 ダイアログを聞く DL-133　**Step 2** ロールプレイで音読! DL-134

食料品や雑貨を薦めるときによく使うフレーズを知っておこう。音声をよく聞いて、「あなた」のパートを繰り返し練習しよう。

お客様: **What does this taste like?**
これはどんな味ですか?

あなた: **Well, you can try a sample.**
そうですね、試食できますよ。

味を説明する場合は It tastes like cookies.「クッキーみたいな味です」などと答えよう。外国人になじみのない物の味の説明には他の食べ物を例に出して説明するとわかりやすい。形容詞を使って It tastes very sour.「とても酸っぱいです」などと言ってもよい。

あなた: **This is only available in this region.**
こちらはご当地限定品です。

お客様: **It's good for a souvenir.**
お土産にいいですね。

only available in this region という表現は、観光地限定商品のような物の説明にも、地域で生産が限られているような希少な物にも使える。region は漠然とした範囲だが、prefecture「県」、city「市」、town「町」、store「店」などと限定してもよい。

お客様: **Will this snack be OK if I leave it in my hotel room for a few days?**
このお菓子は数日間ホテルの部屋に置いていても大丈夫ですか?

あなた: **Yes. This keeps for a long time.**
はい。これは日持ちします。

「(食品などが) 持つ」は keep、または last で表す。外国のお客様にお薦めする際にも賞味期限 (best before date) に配慮するとよい。

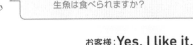

あなた: **Can you eat raw fish?**
生魚は食べられますか?

お客様: **Yes. I like it.**
はい。好きですよ。

食品をお薦めしたいとき、食べられる物を確認するには Can you eat ～? と聞こう。外国人にはベジタリアン (vegetarian) の人も珍しくないことも頭に入れておくとよい。

お客様: **This yukata is beautiful.**
この浴衣はきれいですね。

あなた: **It was dyed using a technique called chusen.**
「注染」と呼ばれる技法で染められています。

dyed は dye「～を染める」の過去分詞形。using ～は「～を使って」と状況を付け加える表現。called ～「～と呼ばれる」は英語に訳せない名称の説明をするときに便利な表現なので使えるようになろう。

あなた: **Kutani-yaki has about a 360-year history.**
九谷焼には約 360 年の歴史があります。

お客様: **Wow, that's amazing.**
へえ、すごいですね。

360-year は three hundred (and) sixty year と読む。and は省略可能。九谷焼は Japanese traditional pottery「日本の伝統の焼き物」と説明することもできる。ちなみに pottery は広く「陶磁器」を指す語で、porcelain だと「磁器」を表す。

お客様にとって日本の歴史の古さや伝統などは特に興味を引くポイント。
日本の良さを思い切りアピールしよう。

Step 2 ダイアログを聞く DL-136　**Step 3** ロールプレイで音読！ DL-137

あなた：**This is a traditional Japanese craft product.**
こちらは日本の伝統的な工芸品です。

お客様：**These geometric patterns look elaborate.**
この幾何学模様は手が込んでいるように見えます。

あなた：**It is made using a technique that has been used for about 200 years.**
約 200 年前から使われている技術で作られています。

お客様：**Cool, and it is reasonably expensive.**
すごい、そしてなかなか高価ですね。

あなた：**We also have other items at low prices that are good for souvenirs.**
お土産にいい低価格の商品も取りそろえています。

お客様：**I'd like to look at some.**
いくつか見せてほしいです。

2　仕上げに漆が塗ってあります。

Step 1　チャンツで重要単語・表現を覚える 》DL-138

□ 259 **iron** /áiə(r)n/ ▸	形 鉄の、鉄製の
□ 260 **kettle** /kétl/ ▸	名 やかん、湯沸かし
□ 261 **mold** /móuld/ ▸	動 ～を型に入れて作る
□ 262 **polish** /pɑ́liʃ | pɔ́l-/ ▸	動 ～（物）を磨く、～のつやを出す
□ 263 **complete** /kəmplíːt/ ▸	動 ～を仕上げる、～を完成させる、～を完成する、～を終える、～を達成する
□ 264 **process** /prɑ́ses | próuses/ ▸	名（～の）過程、経過、進行（of ～）、製法、行程 、手順

素材の良さや、優れた加工方法の技術も日本製品ならではのセールスポイント。よく使う単語と定番フレーズは押さえておきたい。

Step 2 ダイアログを聞く DL-139　**Step 3** ロールプレイで音読！DL-140

お客様：**How are these iron kettles made?**
これらの鉄瓶はどうやって作られているんですか？

あなた：**These were made by molding iron.**
これらは鉄を鋳造して作られています。

お客様：**I see. Their surfaces are beautiful. Were they polished?**
そうなんですね。表面がきれいです。磨いてあるんですか？

あなた：**No. They are finished with lacquer.**
いいえ。仕上げに漆が塗ってあります。

お客様：**Wow. How long does it take to complete a kettle?**
へえ。（やかんを）1つ完成させるのにどれくらいかかるんですか？

あなた：**It takes about one month to go through all the processes.**
多くの工程を経て、だいたい1カ月かかります。

3　そろえてお使いいただくとより楽しめます。

Step 1　チャンツで重要単語・表現を覚える》DL-141

□ 265
painting
/péintiŋ/
名 （絵の具で描いた）**絵、絵画**

□ 266
plate
/pléit/
名 （取り）**皿、平皿、1皿**（の料理）

□ 267
splendid
/spléndid/
形 **素晴らしい、申し分ない、見事な、華麗な、豪華な**

□ 268
excellent
/éksələnt/
形 **非常に優れた、素晴らしい、優秀な**

□ 269
motif
/moutí:f/
名 （デザインなどの）**モチーフ**（色）、**主な模様、**（文学・映画などの）**主題**

□ 270
set
/sét/
名 （～の）**一式、セット、ひとそろい、一連**（の～）（of ～）

繊細で質の良い和食器は海外でも大人気。関連商品の紹介や使い方の提案をして、よりお客様の満足度アップを狙おう。

Step 2 ダイアログを聞く DL-142　**Step 3** ロールプレイで音読！ DL-143

あなた：**You have a good eye. The paintings on this plate are splendid.**
お目が高いですね。このお皿の絵付けは見事です。

お客様：**I love this excellent motif.**
このモチーフが最高です。

あなた：**We have other items with the same motif.**
同じモチーフで別の物もございますよ。

お客様：**Oh, there they are. This small plate also looks great.**
あ、ありました。この小さいお皿も素敵ですね。

あなた：**You can appreciate them more if you use them in a set.**
そろえてお使いいただくとより楽しめます。

お客様：**Yeah, I guess so.**
ええ、そう思います。

4　こちらを試食してください。

Step 1　チャンツで重要単語・表現を覚える DL-144

□ 271
cookie
/kúki/ ▶
名 **クッキー、ビスケット**

□ 272
delicious
/dilíʃəs/ ▶
形（非常に）**おいしい、美味な、香りの良い**

□ 273
flavor
/fléivə(r)/ ▶
名 **風味、味、フレーバー**
動 **～に味を付ける**

□ 274
smell
/smél/ ▶
名（～の／～のような）**におい、香り**（of ～／like ～）

□ 275
bake
/béik/ ▶
動 ～（パン・クッキーなど）**を焼く、**（パン・クッキーなどを）**焼く、**（パンなどが）**焼ける**

□ 276
bittersweet
/bítə(r)swìːt/ ▶
形 **ほろ苦い**

味覚は人それぞれなので「おいしい」の一言だけではどんな味かは伝わらない。さまざまな味の表現を活用して日本の味を伝えよう。

Step 2 ダイアログを聞く DL-145　**Step 3** ロールプレイで音読！ DL-146

お客様：**Can I taste one of these cookies?**
このクッキーをひとつ味見できますか？

あなた：**Sure. You can try this sample. How do you like it?**
はい。こちらを試食してください。どうですか？

お客様：**It's delicious. What flavor is this?**
とてもおいしいです。これは何の味でしょうか？

あなた：**It's flavored with matcha, green tea powder.**
緑茶の粉末、抹茶の味です。

お客様：**It has a good smell of green tea.**
お茶のいい香りがしますね。

あなた：**Yes, and it's baked with less sugar. It's also bittersweet.**
そうなんです、それに砂糖を控えめに作られています。ほろ苦い味もします。

5　中にはあんこが入っています。

Step 1　チャンツで重要単語・表現を覚える 》DL-147

□ 277
local
/lóukl/
▶ 形 その土地の、地元の、現地の、ある地方の

□ 278
specialty
/spéʃəlti/
▶ 名 名物、特産品、名物料理、得意料理、専門分野

□ 279
allergy
/ǽlə(r)dʒi/
▶ 名 アレルギー

❶ 発音注意

□ 280
spicy
/spáisi/
▶ 形（食べ物が）香辛料の効いた、スパイシーな、ぴりっと辛い

⊕ 同義語はhot「辛い」

□ 281
inside
/ìnsáid, ˊ-ˊ-/
▶ 副 内側に、内部に、屋内に

□ 282
sweet
/swíːt/
▶ 形 甘い、甘味のある、甘口の、砂糖入りの

⊕ sweet「甘い」の反意語はbitter「苦い」、sour「酸っぱい」

食品の販売ではアレルギーを持つお客様に要注意。何にアレルギーがあるのか詳しく聞いた上で商品を薦めよう。

Step 2 ダイアログを聞く DL-148　**Step 3** ロールプレイで音読！DL-149

お客様：**Could you recommend some local specialties?**
地元名物のお薦めを教えてもらえますか？

あなた：**Is there anything you can't eat?**
何か食べられない物はありますか？

お客様：**I have a peanut allergy, and I can't eat spicy food.**
ピーナッツアレルギーがあるのと、辛いものが食べられません。

あなた：**This should be OK for you.**
こちらなら大丈夫でしょう。

お客様：**This shape is interesting. What's inside?**
この形は面白いですね。中には何が入っていますか？

あなた：**There is sweet bean paste inside.**
中にはあんこが入っています。

6　このお菓子は2週間持ちますよ。

Step 1　チャンツで重要単語・表現を覚える DL-150

□ 283
print
/prínt/
▸ 動 **～を印刷する、～を活字にする、**（資料などが）**印刷される、～**（本・新聞など）**を刷る、～を出版する**

□ 284
part
/pά:(r)t/
▸ 名（～の）**部分、一部、一部分、**（～の）**要素**（of ～）

□ 285
label
/léibl/
▸ 名 **ラベル、張り札、荷札**

➕ 日本語の「ラベル」との発音の違いに注意

□ 286
last
/lǽst | lά:st/
▸ 動（物資・状態などが）**持つ、足りる、続く、継続する**

□ 287
several
/sévrəl/
▸ 形 **いくつかの、数個の、数人の、数名の**

➕ a fewよりは多くmanyよりは少ない数量を指す

□ 288
leave
/lí:v/
▸ 動 **～**（場所・人［の元］など）**を去る、～を離れる、～を出発する**
活用 過去・過去分詞：left /léft/

食品を薦めるときは賞味期限に気を付けて。お客様の残りの滞在期間や帰国日を聞いて、どのくらい日持ちがするのか教えてあげよう。

Step 2 ダイアログを聞く DL-151　**Step 3** ロールプレイで音読！ DL-152

お客様：**By when should I eat this?**
これはいつまでに食べればいいですか？

あなた：**The expiration date is printed on the lower part of the label.**
賞味期限がラベルの下の方に書いてあります。

お客様：**This doesn't last long enough. I'm going to stay for another several days.**
これは十分に長くは持たないんですね。まだ数日滞在するつもりなので。

あなた：**When are you going back?**
いつ帰国する予定ですか？

お客様：**I'm leaving Japan in five days.**
5日後に日本をたつ予定です。

あなた：**This snack keeps for two weeks.**
（他のお菓子を指して）このお菓子は2週間持ちますよ。

7　こちらは辛口、こちらは甘口のお酒です。

Step 1　チャンツで重要単語・表現を覚える DL-153

□ 289
brewing
/brúːiŋ/
▸ 名 醸造

□ 290
prosper
/práspə(r) | prɔ́spə/
▸ 動（人・事業などが）繁栄する、繁盛する、栄える、成功する

□ 291
region
/ríːdʒən/
▸ 名 地域、地方、地帯、（学問・研究などの）分野

□ 292
especially
/ispéʃəli/
▸ 副 特に、とりわけ、非常に、大いに

□ 293
amazing
/əméiziŋ/
▸ 形（人を）驚かせるような、びっくりさせるような、驚くべき

□ 294
go well with ～
▸ ～と合う

日本酒は、試飲が販売の決め手。ワインと同様、日本酒の独特な風味や微妙な味の違いを楽しむお客様が多い。お酒の味の表現を覚えて接客に生かそう。

Step 2 ダイアログを聞く DL-154　**Step 3** ロールプレイで音読！ DL-155

あなた：**Sake brewing has prospered in this region for a very long time.**
このあたりでは昔から酒造りが盛んなんです。

お客様：**I love sake. Can I try some?**
日本酒は大好きです。試飲はできますか？

あなた：**Sure. This one is dry and this one is sweet.**
ええ。こちらは辛口、こちらは甘口のお酒です。

お客様：**Thank you. Umm ... I like the dry one better.**
ありがとうございます。うーん・・・私は辛口の味の方が好きですね。

あなた：**Then, please try this. It especially has a clear taste among dry sake.**
では、こちらを試してください。辛口のお酒の中でも特にすっきりした味の物です。

お客様：**This is amazing. I think it will go well with fish.**
素晴らしいです。魚料理に合うと思います。

8　100グラム600円です。

Step 1　チャンツで重要単語・表現を覚える DL-156

□ 295
roast
/róust/ ▸ 形 焼けた、あぶった、いった

□ 296
weight
/wéit/ ▸ 名（計測できる）重さ、重量

□ 297
gram
/grǽm/ ▸ 名 グラム

+ 質量の単位。略語はgまたはgm

□ 298
half
/hǽf | há:f/ ▸ 形 半分の、2分の1の

□ 299
inch
/íntʃ/ ▸ 名 インチ

+ 長さの単位。1インチは2.54 cm

□ 300
thick
/θík/ ▸ 形 厚い、厚さ～の

+ この意味では通例数を表す名詞の後で用いる。反意語はthin「薄い」

最近デパ地下でよく見掛ける総菜の量り売りに興味を持って、試しに買ってみる外国人観光客も多いとか。数値をしっかり聞き取る練習をしよう。

Step 2 ダイアログを聞く DL-157　**Step 3** ロールプレイで音読！ DL-158

お客様：**I'd like to have this roast pork.**
この焼き豚をいただきたいのですが。

あなた：**It is sold by weight. How much do you want?**
こちらは量り売りです。どのくらいお求めですか？

お客様：**How much is it in grams?**
グラムでいくらですか？

あなた：**It's 600 yen for 100 grams.**
100 グラム 600 円です。

お客様：**100 grams, please. I'd like it half an inch thick.**
100 グラムください。0.5 インチの厚さにしてください。

あなた：**OK, and I'll throw this in for free.**
わかりました、それとこれもおまけで付けますね。

9　お好きな物をこちらからお選びください。

Step 1　チャンツで重要単語・表現を覚える》DL-159

□ 301
chocolate
/tʃɔ́:kəlit, tʃɑ́k- | tʃɔ́k-/
▸ 名 チョコレート、**チョコレート菓子**

□ 302
far right
▸ 右端
➕farは、「離れた、最も端の」を意味する形容詞。far left は「左端」

□ 303
individually
/ìndivídʒuəli/
▸ 副 個別に、**個々に、それぞれ、別々に**

□ 304
box
/bɑ́ks | bɔ́ks/
▸ 名 箱

□ 305
ball
/bɔ́:l/
▸ 名 丸い物、**球形の物、**（球技に用いる）**ボール、球**

□ 306
select
/silékt/
▸ 動 ～を選ぶ、**～を選び出す、～を選択する**

日本の高級チョコレートは海外のお客様にも人気。こういった箱詰め商品について、サイズや個数を言えるように、定番のフレーズを覚えよう。

Step 2 ダイアログを聞く DL-160　**Step 3** ロールプレイで音読！ DL-161

お客様：**Can I have that marbled chocolate on the far right?**
あの右端のマーブル模様のチョコをください。

あなた：**I'm afraid they are not sold individually but in boxes.**
申し訳ございません、こちらはばら売りではなく、箱売りです。

お客様：**I see. How big is the smallest box?**
そうなんですね。一番小さい箱はどのくらいですか？

あなた：**A five-ball box is the smallest.**
一番小さいのは5粒入りボックスです。

お客様：**OK, I'll take five.**
わかりました、5つ買います。

あなた：**Then, please select your picks from these.**
では、お好きな物をこちらからお選びください。

2020
00/00

10　本日中のお日持ちです。

Step 1　チャンツで重要単語・表現を覚える 》DL-162

☐ 307
carry ～ around ▸
～を持ち歩く、～を持参する

☐ 308
stop by ～ ▸
～に立ち寄る

☐ 309
pack
/pǽk/ ▸
動 ～を詰める、～を荷造りする、～を梱包する

☐ 310
relief
/rilíːf/ ▸
名 安心、安堵（あんど）、安らぎ

☐ 311
refrigerate
/rifrídʒərèit/ ▸
動 ～を冷蔵する

➕「冷蔵庫」はrefrigerator

☐ 312
tonight
/tənáit/ ▸
名 今夜、今晩

➕冠詞なしで用いる

外国人のお客様には、初めて見る食品が多種ある。賞味期限と保存方法を正しく伝えられるように、よく使う言い回しは丸ごと覚えておこう。

Step 2 ダイアログを聞く DL-163　**Step 3** ロールプレイで音読！DL-164

あなた：How long will you be <u>carrying</u> this <u>around</u> for?
お持ち歩きのお時間はどれくらいですか？

お客様：**I have to <u>stop by</u> a florist, so it'll be about an hour.**
花屋に寄らなければならないので、1時間ぐらいです。

あなた：**I'll <u>pack</u> it with ice packs.** They will last for an hour and a half.
保冷剤をお入れしますね。こちらは1時間半持ちます。

お客様：**That's a <u>relief</u>.**
ほっとしました。

あなた：Please keep this <u>refrigerated</u>. **It will only keep until <u>tonight</u>.**
こちらは冷蔵庫で保管してください。本日中のお日持ちです。

お客様：**OK, I will.**
わかりました、そうします。

2020
00/00

11　賞味期限は3日間です。

Step 1　チャンツで重要単語・表現を覚える DL-165

☐ 313
room
/rúːm/

名 **部屋**、（～のための／～する）**空間**、**場所**（for ～／to do）

☐ 314
temperature
/témpərətʃər/

名 **温度**、**気温**、**体温**、**熱**

➕room temperatureで「常温」

☐ 315
best before date

賞味期限

☐ 316
within
/wiðín/

前 **～以内に**、**～の範囲内で**

☐ 317
delicate
/délikit/

形（物などが）**壊れやすい**、（問題などが）**扱いにくい**、**微妙な**

☐ 318
careful
/kɛ́ə(r)fl/

形（人が）**注意深い**、**慎重な**、（～に／～することに）**気を付けて**、**注意して**（of [about, in] ～／[in] doing）

せっかく買ってくれた商品だから、やっぱりおいしく食べてほしい。そのためにも正しい保存方法の案内は必要不可欠だ。

Step 2 ダイアログを聞く DL-166　**Step 3** ロールプレイで音読！ DL-167

お客様：**Should I put this Japanese cake in the refrigerator?**
この和菓子は冷蔵庫に入れた方がいいですか？

あなた：**You can store it at room temperature.**
そちらは常温保存で大丈夫です。

お客様：**OK. What's the best before date?**
わかりました。賞味期限はいつですか？

あなた：**This should be eaten within three days.**
3日以内にお召し上がりください。

お客様：**I see. Thank you.**
わかりました。ありがとう。

あなた：**This is delicate. Please be careful.**
こちらは崩れやすいです。お気を付けください。

Column 4

言えたら便利!とっさのフレーズ集4

道案内（屋内）編

とっさに言えたらお客様の助けになること間違いなし！のフレーズをご紹介。
建物の中を案内する際に役立つひと言をご紹介しましょう。

まっすぐ行って左に曲がってください。

Go straight and turn left.

Turn left at the end.（突き当たりを左です）でも。似た表現で、It's at the far end on the left.（左奥にあります）と言うと、「突き当たり」そのものではなく、「奥の方、向こうの方」というニュアンスになります。

出口を出て右手に見えます。

Go through the exit and you'll see it on your right.

お連れしたいなら、I'll show you if you like.（よろしければ案内します）。ただし、このフレーズは、シチュエーションにより「実際にお連れして案内する」「マップなどを示して説明する」のどちらの意味にもなり得ます。

ペット用品売り場は８階にございます。

The pet product department is on the 8th floor.

「階段を上がった〔下りた〕先にあります」なら、It's up〔down〕the stairs. となります。Please take the elevator〔escalator〕.（エレベーター〔エスカレーター〕をお使いください）とご案内してもいいですね。

あそこの表示に従ってください。

Please follow those signs.

トイレやエレベーターなどを探しているお客様には、建物内にある案内の表示を指さして、その存在を教えてあげましょう。

フロアマップでご案内しましょう。

I'll show you with the floor map.

壁やパンフレットのフロアマップを広げながら、We are here.（私たちはここにいます）、This is that restaurant.（ここがそのレストランです）などと示してあげましょう。

Chapter 5
家電量販店での接客

このChapterでは、英語マニュアルの案内や、値引き交渉、修理の案内など、家電販売で重要なフレーズをマスターします。

例えばこんなフレーズ!

「家電販売」の定番フレーズ

Step 1 ダイアログを聞く DL-168　**Step 2** ロールプレイで音読！DL-169

あなた：**Can I help you find something?**
何かお探しですか？

お客様：**Yes, please. I'm looking for a smartphone charger.**
はい。スマートフォンの充電器を探しているんです。

Can I help you find something? は、何かを探しているようなお客様に手助けを申し出る表現。Can[May] I help you? だけでも OK。find something の部分を変えて、Can I help you carry your bag?「かばんを運ぶのを手伝いましょうか？」などとしても使える。

お客様：**Something is wrong with my camera. Could you check it?**
カメラの調子がおかしいんです。見てもらえますか？

あなた：**Certainly. I'll guide you to the support counter.**
かしこまりました。サポートカウンターにご案内いたします。

support counter は修理受付などを行う所。店内の情報を伝える所なら information counter「インフォメーションカウンター」、広く要望に応えられるなら concierge counter「コンシェルジュカウンター」と言えば伝わる。

あなた：**Please make sure the white color and the 64GB memory are correct.**
色はホワイトで、メモリは64GBでお間違いがないかご確認ください。

お客様：**OK. No problem.**
わかりました。大丈夫です。

会計時に商品のスペックの確認を行う際の会話。64GB は sixty four gigabytes と読む。TB「テラバイト」は terabyte。後々のトラブルを避けるために各場面で Please make sure ～「～をご確認ください」を使って確認をお願いしよう。

まずはコレだけ!

家電量販店のお客様に幅広く応対するために必要なフレーズを覚えよう。
音声をよく聞いて、「あなた」のパートを繰り返し練習しよう。

あなた：**Is Wi-Fi available at your home?**
ご自宅で Wi-Fi は利用できますか？

お客様：**Yes, it is.**
はい、できます。

自宅の通信環境を聞く会話。availableは「利用可能な」という意味の形容詞。Is a broad band line available at your home?「ご自宅で高速データ回線は利用できますか？」などと言うこともできる。Wi-Fiは「ワイファイ」と発音してOK。アクセントは「ワ」。

あなた：**Are you going to use this outside Japan?**
こちらを日本国外でお使いになる予定ですか？

お客様：**Yes. Is there any problem?**
はい。何か問題がありますか？

電気製品は海外で使用する場合に変圧器（converter）が必要な場合があるので確認しよう。日本向けの電波時計（radio clock）は海外では自動調節ができないなど、海外での使用の注意点を把握しておこう。

あなた：**This doesn't come with batteries. Would you like to get them now?**
こちらは電池がついてきません。そちらも今買われますか？

お客様：**Yes, I'd like to.**
はい、買いたいです。

Would you like to ～？は相手の要望を聞く定番表現。乾電池（battery）の種類は海外では単1＝D、単2＝C、単3＝AA（double A）、単4＝AAA（triple A）と呼ぶ。必要な電池についてはIt takes two AA batteries.（単3電池が2本要ります）などと言えばOK。

1　ウェブサイトからダウンロードしていただけます。

Step 1　チャンツで重要単語・表現を覚える DL-170

□ 319 **rice cooker**	炊飯器
□ 320 **come with ～**	～が付いて手に入る
□ 321 **download** /dáunlòud/	動 ～をダウンロードする
□ 322 **manufacturer** /mæ̀njəfǽktʃərə(r)/	名（大規模な）製造業者、製造会社、メーカー、製造者、生産者、製造元
□ 323 **foreign** /fɔ́ːrin | fɔ́rin/	形 外国の、外国からの、外国産の
□ 324 **converter** /kənvə́ː(r)tə(r)/	名 変換器

メーカーのウェブサイト上には英語の説明書もあることを伝えよう。海外で使用する際に注意すべき点なども説明できればパーフェクト。

Step 2 ダイアログを聞く DL-171　**Step 3** ロールプレイで音読！ DL-172

お客様：**Does this rice cooker come with an English user's manual?**
この炊飯器には英語の取扱説明書が付いてきますか？

あなた：**You can download it through the manufacturer's website.**
メーカーのウェブサイトからダウンロードしていただけます。

お客様：**That's good to know.**
お聞きしてよかったです。

あなた：**However, if you use it in a foreign country, you will need a converter.**
ただし、外国でお使いになるならば変圧器が必要です。

お客様：**So, I have to get one now.**
じゃあ、それも今買わなければ。

あなた：**Let me take you to the section.**
売り場にご案内いたします。

2　関連パーツも充実しています。

Step 1　チャンツで重要単語・表現を覚える 》DL-173

□ 325
vacuum cleaner
▶ 電気掃除機

□ 326
filter
/fíltə(r)/
▶ 名 **フィルター、ろ過装置、ろ過器**

□ 327
spare
/spέə(r)/
▶ 名 **予備の品、スペア、スペアタイヤ**

➕複数形のsparesは主にイギリスで「予備の部品」「予備交換部品」の意味で使われる

□ 328
accessory
/əksésəri, æk-/
▶ 名（車・部屋などの）**付属品、付属装置、アクセサリー**

□ 329
nozzle
/nάzl/
▶ 名（ホースなどの）**ノズル、吹き出し口**

□ 330
brush
/brʌ́ʃ/
▶ 名 **ブラシ、はけ、絵筆、毛筆**

➕「ブラシをかけること」は通例a brushで表す

電化製品を買ってもらったら、ついでにいくつか消耗品も買ってもらいたい。関連パーツも合わせてお薦めしよう。

Step 2 ダイアログを聞く DL-174　**Step 3** ロールプレイで音読！ DL-175

お客様：**I'll take this vacuum cleaner.**
この掃除機を買います。

あなた：**This comes with a filter, but I recommend getting some spares.**
こちらはフィルターが1つ付きますが、予備の購入をお勧めします。

お客様：**I see. It seems I should get some now.**
そうですか。今いくつか買った方がよさそうですね。

あなた：**And there are a number of accessories available for this.**
また、関連パーツも充実しています。

お客様：**I need a crevice nozzle and a brush nozzle.**
隙間用のノズルとブラシノズルが欲しいです。

あなた：**They are included in the package.**
それらは同梱されていますよ。

3　現金なら5,300円まで値下げできます。

Step 1　チャンツで重要単語・表現を覚える DL-176

□331 **price range**	価格帯
□332 **afford** /əfɔ́ːrd/	動 ～を買う（払う）（金銭的）余裕がある、～をする（時間的）余裕がある ➕通例can、could、be able toを伴う
□333 **at most**	最大でも、多くても、せいぜい、よくて
□334 **flexible** /fléksəbl/	形 （人が）融通の利く、順応性のある、（物が）曲げやすい、柔軟な、（計画などが）可変の
□335 **manager** /mǽnidʒə(r)/	名 店長、経営者、支配人、部長、責任者
□336 **in cash**	現金で

値引き交渉をしてくる外国人のお客様は意外に多い。価格交渉に関する単語をなるべくたくさん覚えて、可能な範囲で対応しよう！

Step 2 ダイアログを聞く DL-177　**Step 3** ロールプレイで音読！ DL-178

お客様：**That's out of my price range. Could you give me a discount?**
それは予算オーバーです。値引きしてもらえませんか？

あなた：**How much can you afford to pay?**
いくらまでなら払えますか？

お客様：**I can pay 5,000 yen at most. Could you be flexible about it?**
5,000円までしか払えません。融通利きませんか？

あなた：**Let me check with the manager.**
店長に確認させてください。

お客様：**I promise that I will make purchases here in the future, too.**
これからもここで買い物をすると約束します。

あなた：**We can cut the price to 5,300 yen if you pay in cash.**
（店長に聞いてきて）現金なら5,300円まで値下げできます。

4　それ（そこまでの値下げ）はちょっと無理です。

Step 1　チャンツで重要単語・表現を覚える 》DL-179

□ 337
lower
/lóuə(r)/
▸ 動 ～（価格・品質・速度など）**を下げる、～を下ろす、～**（数量など）**を減らす**

□ 338
unreasonable
/ʌnríːznəbl/
▸ 形（値段などが）**法外な、**（行動・人などが）**道理をわきまえない、筋の通らない、**（物・事が）**不当な**

□ 339
already
/ɔːlrédi/
▸ 副 **今までに、これまでに、すでに、もう**

□ 340
bargain
/báː(r)gin/
▸ 名 **割引品、特売品、お買い得価格**

＋「割引の、お買い得の」の意味で形容詞的に使われることもある

□ 341
flat
/flǽt/
▸ 副（時間・数値の後に置いて）**きっかり、ちょうど、平らに、きっぱりと、完全に**

□ 342
deal
/díːl/
▸ 名（～についての／～との）**取引、協定、合意**（on ～／with ～）

＋good dealで「いい取引」や「安い買い物」の意味

それ以上は無理！　といった金額まで値引き交渉をしてくるお客様も案外多い。さまざまな単語や言い回しを使って交渉に対応しよう。

Step 2 ダイアログを聞く DL-180　**Step 3** ロールプレイで音読！ DL-181

お客様：**Can you lower the price to 800 yen?**
800 円まで値下げできませんか？

あなた：**That's a bit unreasonable. This is already a bargain price.**
それ（そこまでの値下げ）はちょっと無理です。すでにお安くなっています。

お客様：**Oh, please.**
そこを何とか。

あなた：**Well, we'll reduce the price to 1,000 yen flat.**
じゃあ、1,000 円きっかりにまけましょう。

お客様：**Come on! Please give me a good deal.**
お願いしますよ！　まけてください。

あなた：**Sorry, 1,000 yen is the limit.**
すみません、1,000 円が限界です。

5　メーカーへ修理を依頼してください。

Step 1　チャンツで重要単語・表現を覚える 》DL-182

□ 343
break down

（機械・自動車などが）**動かなくなる、故障する、**（交渉・計画などが）**失敗する**

□ 344
repair
/ripέə(r)/

動 **～を修理する、～を修繕する**

□ 345
ask
/æsk | ɑ́:sk/

動 **～に**（…するよう）**頼む**（to do）、（援助・助言などを）**求める、**（～について）**尋ねる**（about ～）、**～**（物・事）**を尋ねる、～を聞く**

□ 346
warranty
/wɔ́(:)rənti/

名（商品の）**保証、保証書**

□ 347
valid
/vǽlid/

形（チケットなどが）（法的［公式］に）**有効な、効力のある、合法的な**

□ 348
understand
/ʌ̀ndə(r)stǽnd/

動（人・言葉・事を）**理解する、理解している、わかる**
活用 過去・過去分詞：understood /-stúd/

商品購入後のアフターサービスをお客様へ説明するシーン。これをしっかり説明しておけばお客様も安心納得してくれるはずだ。

Step 2 ダイアログを聞く DL-183　**Step 3** ロールプレイで音読！DL-184

お客様：**If this breaks down, how can I have it repaired?**
これが故障した場合の修理はどうすればよいですか？

あなた：**You can ask the manufacturer to repair it.**
メーカーへ修理を依頼してください。

お客様：**It will be free of charge when this is still under warranty, right?**
保証期間内なら無償で対応してもらえるんですよね？

あなた：**Of course, but this manufacturer's warranty is only valid within Japan.**
もちろんです、ただしこちらは日本国内でのみメーカー保証を受けられます。

お客様：**It's OK, I understand. What is the warranty period?**
大丈夫です、わかっています。保証期間はどのくらいですか？

あなた：**This has a two-year warranty.**
こちらは2年間保証です。

6　3,000円で保証期間を5年に延長できます。

Step 1 チャンツで重要単語・表現を覚える 》DL-185

□ 349
extend
/iksténd/
▶ 動 ～（期間など）**を延長する、～**（距離など）**を伸ばす、～**（空間・勢力・範囲など）**を広げる**

□ 350
duration
/d(j)u(ə)réiʃn/
▶ 名 **継続期間、存続期間**

□ 351
return
/ritə́:(r)n/
▶ 動 **～を返品する、～を返す、**（元の場所・位置へ）**戻る**
名（単数形）（～を）**返すこと、返品、返却**（of ～）

□ 352
reason
/rí:zn/
▶ 名 **理由、動機**

□ 353
exchange
/ikstʃéindʒ/
▶ 名（～の間の）**交換、取り換え**（between ～）

□ 354
defective
/diféktiv/
▶ 形 **欠陥のある、欠点のある、不良な、不完全な**

追加料金で保証が延長に。延長希望のお客様にはちゃんと教えてあげよう。返品、交換についての説明も忘れずに。

Step 2 ダイアログを聞く 》DL-186　**Step 3** ロールプレイで音読！》DL-187

お客様：**Can the warranty be <u>extended</u>?**
保証の延長はできますか？

あなた：**We can extend the <u>duration</u> of the warranty to five years for 3,000 yen.**
3,000円で保証期間を5年に延長できます。

お客様：**That's great. I'd like the five-year plan.**
それはいいですね。5年保証にします。

あなた：**OK. This is the manufacturer's warranty. Keep it with the receipt.**
はい。こちらはメーカー保証書です。レシートと一緒に保管してください。

お客様：**Thank you. Is it possible to <u>return</u> this for any <u>reason</u>?**
ありがとうございます。何かの理由でこれを返品するということは可能ですか？

あなた：**We don't accept returns or <u>exchanges</u> other than for <u>defective</u> goods.**
不良品以外は返品、交換ができません。

7　欠陥を確認いたします。

Step 1　チャンツで重要単語・表現を覚える DL-188

☐ 355
confirm
/kənfə́ː(r)m/
▶
動 **～を確認する、～を確かめる**

☐ 356
defect
/díːfekt/
▶
名 **欠陥、欠点、短所、不足、欠乏**

☐ 357
a few ～
▶
いくつかの～、いくつかある～、多少の～、数少ない～

☐ 358
detail
/díːteil, ditéil/
▶
名 **細部、細目、細かい点、ささいな事**

＋複数形detailsで「詳細」を意味する

☐ 359
address
/ədres, ǽdres/
▶
名（ネットワーク上の）**アドレス、住所、宛名、宛先**

☐ 360
quotation
/kwoutéiʃn/
▶
名 **見積もり**

修理の依頼を受けた。どのような修理が必要なのか、何日くらいかかるのかを確認し正確に伝えよう。お客様の連絡先を聞くのを忘れずに。

Step 2 ダイアログを聞く DL-189　**Step 3** ロールプレイで音読！DL-190

あなた：**Please wait a little while. I'll <u>confirm</u> the <u>defect</u>.**
少々お待ちください。欠陥を確認いたします。

お客様：**OK.**
わかりました。

あなた：**We need <u>a few</u> days to repair this, so can I have your contact <u>details</u>?**
こちらの修理には数日かかるので、連絡先を伺ってもよろしいでしょうか？

お客様：**Sure. Here are my phone number and e-mail <u>address</u>.**
ええ。こちらが電話番号とメールアドレスです。

あなた：**Is it OK if we give you a <u>quotation</u> at a later date?**
お見積もりは、後日になってもよろしいでしょうか？

お客様：**No problem. I'd appreciate it if you contacted me by e-mail.**
大丈夫です。メールで連絡を頂けるとありがたいです。

8　メーカーの修理センターへお送りしましょうか？

Step 1　チャンツで重要単語・表現を覚える 》DL-191

□ 361 **work** /wə́:(r)k/	動（機械・装置などが）**作動する、機能する、働く、仕事をする**
□ 362 **properly** /prάpə(r)li | prɔ́pəli/	副 **適切に、きちんと、正しく、上品に**
□ 363 **require** /rikwáiə(r)/	動 ～（すること）**を必要とする、～を要求する**
□ 364 **replace** /ripléis/	動 ～（壊れた物・古い物）**を**（新しい物に）**交換する、～を取り換える、**（人・物・事が）**～に取って代わる、～の代わりをする**
□ 365 **deal with ～**	**～に対処する、～を処理する、～**（事柄）**を**（主題・テーマとして）**扱う**
□ 366 **send** /sénd/	動（郵便などで）**～を送る、～を発送する、**（インターネット回線などで）**～を送信する** 活用 過去・過去分詞：sent /sent/

修理の大まかな流れと所要時間など、伝えるべき情報を明確に伝え、あとで大きなクレームに発展しないように気を付けよう。

Step 2 ダイアログを聞く DL-192　**Step 3** ロールプレイで音読！DL-193

あなた：**This disk slot doesn't work properly.**
このディスク取り出し口がうまく作動していないですね。

お客様：**Can you repair that?**
修理できますか？

あなた：**We can't repair this at out store, because some parts require replacing.**
一部部品の交換を伴うため、こちらの店舗では修理ができません。

お客様：**Can the manufacturer deal with it?**
メーカーだったら対応できますか？

あなた：**Yes. Shall we send it to the manufacturer's repair center?**
はい。こちらからメーカーの修理センターへお送りしましょうか？

お客様：**Yes, please.**
はい、お願いします。

Column 5

言えたら便利!とっさのフレーズ集5

道案内（屋外）編

とっさに言えたらお客様の助けになること間違いなし！のフレーズをご紹介。
屋外の道案内をする時に役立つフレーズです。

道なりに進んでください。

Please follow the path.

path の代わりに road と言っても構いません。その後、It's past the library on the right-hand side.（図書館を過ぎて右手にあります）などと添えると、より親切。「右手に」は、on the right でもＯＫ。

２つめの交差点を左に曲がってください。

Turn left at the 2nd intersection.

Turn right at ABC Street.（ABC 通りを右に曲がってください）といった言い方も。信号を渡った先にある、なら、It's right there after you cross the light.（その信号を渡ったすぐ先にあります）と言えます。

郵便局の隣にあります。

It's beside the post office.

across from ～（～の向かいに）、diagonally across from ～（～の斜め向かいに）、in front of ～（～の前に）、behind ～（～の後ろに）、near ～（～の近くに）などの位置関係を表す表現も覚えておきましょう。

店名のある大きな赤い看板が目印です。

Look for the large red billboard with the store name on it.

英文の直訳は「店名のある大きな赤い看板を探してください」。目印に当たる英語は landmark ですが、日本語と違って The landmark is ... とは言いません。Look for ～で「～が目印ですよ」と覚えましょう。

スマートフォンで調べますね。

I'll check it on my smartphone.

説明が複雑そうだったり、あなたが知らない場所を探していると言われたら、このフレーズ。そのうえで、余裕があるなら、Shall I come with you?（一緒に行ってあげましょうか？）と案内できれば、確実ですね。

巻末リスト

覚えておきたい重要な語彙、本書で取り上げた基本語句、そしてフレーズをまとめました。語彙力の強化や、実力の見直しなどに利用しましょう。

関連語彙リスト
(P.158 ～)

ここまでで取り上げた以外に、接客のためには覚えておきたい重要な語彙をまとめました。本書のフレーズを実際に生かすときには、入れ替えて使いましょう。

基本語句リスト
(P.166 ～)

本書で紹介した基本単語と熟語をアルファベット順に並べました。各項目の数字は、通し番号と掲載ページ数です。意味を覚えて正しく使えるか、確認しましょう。

基本フレーズリスト
(P.172 ～)

本書で紹介した「あなた」のフレーズを訳文の五十音順で並べました。各項目の数字は、掲載ページです。本編で色字のものは、色字で表示しています。

関連語彙リスト

数字　DL-194

- □ 0 zero
- □ 1 one
- □ 2 two
- □ 3 three
- □ 4 four
- □ 5 five
- □ 6 six
- □ 7 seven
- □ 8 eight
- □ 9 nine
- □ 10 ten
- □ 11 eleven
- □ 12 twelve
- □ 13 thirteen
- □ 14 fourteen
- □ 15 fifteen
- □ 16 sixteen
- □ 17 seventeen
- □ 18 eighteen
- □ 19 nineteen
- □ 20 twenty
- □ 21 twenty-one
- □ 22 twenty-two
- □ 23 twenty-three
- □ 30 thirty
- □ 40 forty
- □ 50 fifty
- □ 60 sixty
- □ 70 seventy
- □ 80 eighty
- □ 90 ninety
- □ 100 one hundred
- □ 1,000 one thousand
- □ 10,000 ten thousand
- □ 100,000 one hundred thousand
- □ 1,000,000 one million

月　DL-195

- □ 1月 January
- □ 2月 February
- □ 3月 March
- □ 4月 April
- □ 5月 May
- □ 6月 June
- □ 7月 July
- □ 8月 August
- □ 9月 September
- □ 10月 October
- □ 11月 November
- □ 12月 December

日　DL-196

- □ 1日 1st (first)
- □ 2日 2nd (second)
- □ 3日 3rd (third)
- □ 4日 4th (fourth)
- □ 5日 5th (fifth)
- □ 6日 6th (sixth)
- □ 7日 7th (seventh)
- □ 8日 8th (eighth)
- □ 9日 9th (ninth)
- □ 10日 10th (tenth)
- □ 11日 11th (eleventh)
- □ 12日 12th (twelfth)
- □ 13日 13th (thirteenth)
- □ 14日 14th (fourteenth)

□ 15日　15th (fifteenth)
□ 16日　16th (sixteenth)
□ 17日　17th (seventeenth)
□ 18日　18th (eighteenth)
□ 19日　19th (nineteenth)
□ 20日　20th (twentieth)
□ 21日　21st (twenty-first)
□ 30日　30th (thirtieth)
□ 31日　31st (thirty-first)

曜日　DL-197

□ 月曜日　Monday
□ 火曜日　Tuesday
□ 水曜日　Wednesday
□ 木曜日　Thursday
□ 金曜日　Friday
□ 土曜日　Saturday
□ 日曜日　Sunday

時刻·時間帯　DL-198

□ 時間　hour
□ 分　minute
□ 秒　second
□ ～時　o'clock
□ 午前～時　～ a.m.
□ 午後～時　～ p.m.
□ 正午　noon
□ 夜の12時　midnight
□ ～時に　at ～
□ ～時15分　quarter past ～
□ ～時半　half past ～
□ ～時15分前　quarter to ～
□ ～時から…時まで　from ～ to …
□ ～時まで　until ～, till ～
□ ～時前に　before ～
□ ～時過ぎに　after ～
□ 朝早く　early in the morning
□ 午前中に　in the morning
□ 午後に　in the afternoon
□ 夕方に　in the evening
□ 夜遅く　late at night
□ 24時間　24 hours a day
□ 終日　all day

店の種類　DL-199

□ スーパーマーケット　supermarket
□ コンビニエンスストア　convenience store
□ デパート　department store
□ ショッピングモール　shopping mall
□ アウトレット　factory outlet
□ レストラン　restaurant
□ 土産物店　souvenir shop, gift shop
□ 市場　market
□ 総菜店　deli
□ 食料品店　grocery store
□ 魚屋　fish shop
□ 肉屋　meat shop, butcher's
□ 八百屋　vegetable store
□ パン屋　bakery
□ ケーキ屋　confectionery, cake shop
□ 和菓子屋　Japanese confectionery store
□ 酒屋　liquor store
□ 花屋　florist
□ 電器店　electronics store
□ 薬局　pharmacy
□ ドラッグストア　drugstore
□ 靴屋　shoe store

- □ 洋服店　boutique, clothing store
- □ スポーツ用品店　sports store
- □ ホームセンター　home improvement center
- □ 自動車販売店　auto dealer, car dealer
- □ ペットショップ　pet shop
- □ 書店　bookstore
- □ 文房具店　stationery store
- □ 写真店　photo shop
- □ 理髪店　barber shop
- □ 美容院　beauty salon
- □ 眼鏡店　eyeglasses store, optician
- □ 宝石店　jewelry store

施設·設備　DL-200

- □ 本館　main building
- □ 別館　annex
- □ 正面玄関　front entrance
- □ 入口　entrance
- □ 出口　exit
- □ 連絡通路　passageway
- □ 階段　stairs
- □ エレベーター　elevator
- □ エスカレーター　escalator
- □ 屋上　rooftop
- □ 店内案内所　information counter
- □ 化粧室　restroom, bathroom
- □ 授乳室　nursing room
- □ 喫煙室　smoking room
- □ ショーウィンドウ　store window
- □ ショーケース　showcase
- □ 陳列棚　shelf
- □ 試着室　fitting room
- □ 車いす　wheelchair
- □ 買い物カゴ　shopping basket
- □ カート　shopping cart

営業時間　DL-201

- □ 営業時間　business hours
- □ 24時間営業　open 24 hours a day
- □ 年中無休　open all year round
- □ 定休日　regular holiday
- □ 臨時休業　temporary closing
- □ 営業中　open
- □ 準備中　closed

衣料品　DL-202

- □ 長袖　long sleeve
- □ 半袖　short sleeve
- □ 七分袖　three-quartered sleeve
- □ シャツ　shirt
- □ Tシャツ　T-shirt
- □ タンクトップ　tank top
- □ キャミソール　camisole
- □ ブラウス　blouse
- □ ニット　knit, knitted wear
- □ ベスト　vest
- □ カーディガン　cardigan
- □ セーター　sweater
- □ タートルネック　turtleneck
- □ トレーナー　sweatshirt
- □ ズボン　pants, trousers
- □ スウェットパンツ　sweatpants
- □ ショートパンツ　shorts
- □ チノパンツ　chinos
- □ ジーンズ　jeans
- □ レギンス　leggings
- □ スカート　skirt
- □ パーカー　hoodie

□ ジャケット　jacket
□ コート　coat
□ スーツ　suit
□ 燕尾服　tails, tailcoat
□ ワンピース　dress
□ ネクタイ　tie
□ 蝶ネクタイ　bow tie
□ 下着　underwear
□ パンツ　underpants
□ 女性用パンツ　panties
□ ブラジャー　bra, brassiere
□ パジャマ　pajamas
□ 靴下　socks
□ ストッキング　panty hose

素材·生地　DL-203

□ 素材　material
□ 生地　fabric
□ 綿　cotton
□ 麻　linen
□ 絹　silk
□ ウール　wool
□ ナイロン　nylon
□ レーヨン　rayon
□ アクリル　acrylic
□ デニム　denim
□ レース　lace
□ ポリエステル　polyester
□ 毛皮　fur
□ 羽毛　down
□ 革　leather
□ 合成皮革　artificial leather
□ 化学繊維　synthetic fiber

サイズ　DL-204

□ サイズ　size
□ サイズ表　sizing chart
□ XS（特小）　extra small
□ S（小）　small
□ M（中）　medium
□ L（大）　large
□ XL（特大）　extra large
□ フリーサイズ　one-size-fits-all
□ 1つ上のサイズ　one size larger, one size up
□ 1つ下のサイズ　one size smaller, one size down
□ 身長　height
□ 胸囲　chest（男性）, bust（女性）
□ ウエスト　waist
□ 身幅　width
□ 肩幅　shoulder width
□ 裾幅　bottom width
□ 着丈　length
□ 袖丈　sleeve length
□ 股下　inseam length
□ 調整　adjustment
□ 長い　long
□ 短い　short

靴·小物　DL-205

□ 靴　shoes
□ サンダル　sandals
□ 草履　Japanese sandals
□ スニーカー　sneakers
□ パンプス　pumps
□ ローファー　loafers
□ ハイヒール　high-heeled shoes

- □ ブーツ　boots
- □ 革靴　leather shoes
- □ レインシューズ　rain shoes
- □ バレエシューズ　ballet flats
- □ 靴紐　shoe laces
- □ 靴底　sole
- □ 中敷き　insole
- □ カチューシャ　headband
- □ シュシュ　scrunchy
- □ ヘアピン　hairpin
- □ ヘアゴム　hair elastic
- □ ヘアブラシ　hairbrush
- □ くし　comb
- □ ストール　stole
- □ スカーフ　scarf
- □ 手袋　gloves
- □（縁ありの）帽子　hat
- □（縁なしの）帽子　cap
- □ 麦わら帽子　straw hat
- □ ニット帽　knit hat
- □ かばん　bag
- □ 書類かばん　briefcase
- □ リュックサック　backpack
- □ トートバッグ　tote bag
- □ スーツケース　suitcase
- □ 名刺入れ　card case
- □ 小銭入れ　purse
- □ お札入れ　wallet
- □ カフスボタン　cuff links
- □ タイピン　tiepin
- □ 傘　umbrella
- □ 折り畳み傘　folding umbrella
- □ 日傘　parasol
- □ サングラス　sunglasses
- □ 老眼鏡　reading glasses
- □ 腕時計　wrist watch
- □ ハンカチ　handkerchief

ベビー用品　DL-206

- □ ベビー服　babies' wear
- □ ベビーカー　baby stroller
- □ ベビーベッド　crib
- □ よだれかけ　bib
- □ おしゃぶり　pacifier
- □ 哺乳瓶　feeding bottle
- □ 粉ミルク　baby formula
- □ 抱っこひも　baby carrier
- □ おくるみ　bunting
- □ 紙おむつ　disposable diaper
- □ がらがら　rattle

化粧品　DL-207

- □ メイク落とし　makeup remover
- □ 洗顔料　facial cleanser
- □ 化粧水　toner, lotion
- □ 美容液　facial serum
- □ 保湿剤　moisturizer
- □ パック　facial treatment mask
- □ クリーム　cream
- □ 口紅　lipstick
- □ リップグロス　lip gloss
- □ 日焼け止め　sunscreen, sunblock
- □ 化粧下地　makeup base
- □ コンシーラー　concealer
- □ ファンデーション　foundation
- □ アイブロウペンシル　eyebrow pencil
- □ アイシャドウ　eyeshadow
- □ アイライナー　eyeliner
- □ フェイスパウダー　face powder
- □ チーク　blush

□ ビューラー　eyelash curler
□ つけまつ毛　false eyelashes
□ マスカラ　mascara
□ 香水　perfume
□ マニキュア　nail polish
□ 除光液　polish remover
□ 爪切り　nail clippers
□ ヤスリ　nail file

文房具　DL-208

□ 文房具　stationery
□ 鉛筆　pencil
□ 色鉛筆　colored pencil
□ ボールペン　ballpoint pen
□ シャープペンシル　mechanical pencil
□ 蛍光ペン　highlighter
□ 万年筆　fountain pen
□ クレヨン　crayon
□ 水彩絵の具　watercolors
□ 油絵の具　oil colors
□ 消しゴム　eraser
□ 修正液　correction fluid
□ 修正ペン　correction pen
□ 修正テープ　correction tape
□ セロハンテープ　adhesive tape
□ のり　glue
□ はさみ　scissors
□ カッター　cutter
□ ホッチキス　stapler
□ 定規　ruler
□ 電卓　pocket calculator
□ 手帳　appointment organizer
□ 便箋　letter paper
□ 封筒　envelope
□ 絵葉書　picture card

アクセサリー　DL-209

□ 指輪　ring
□ 婚約指輪　engagement ring
□ 結婚指輪　wedding ring
□ ピアス　pierced earrings
□ イヤリング　earrings
□ ブレスレット　bracelet
□ ネックレス　necklace
□ ブローチ　brooch
□ ペンダント　pendant
□ コサージュ　corsage
□ プラチナ　platinum
□ 金　gold
□ 銀　silver
□ チタン　titanium
□ 琥珀　amber
□ メッキ　plating
□ 天然石　genuine stone
□ 人工石　synthetic stone

家電製品　DL-210

□ 家電製品　home appliances
□ 炊飯器　rice cooker
□ 冷蔵庫　refrigerator, fridge
□ 電子レンジ　microwave
□ ドライヤー　hair dryer
□ 掃除機　vacuum cleaner
□ 洗濯機　washing machine
□ アイロン　iron
□ 電動歯ブラシ　electric toothbrush
□ 電動シェーバー　electric shaver
□ 空気清浄器　air cleaner
□ 加湿器　humidifier

- □ 美顔器　facial care equipment
- □ オーディオ機器　audio instrument
- □ 液晶テレビ　liquid crystal television
- □ リモコン　remote control
- □ デスクトップパソコン　desktop
- □ ノートパソコン　laptop
- □ タブレットPC　tablet
- □ プリンター　printer
- □ スキャナー　scanner
- □ シュレッダー　shredder
- □ 携帯電話　cell phone
- □ デジタルカメラ　digital camera
- □ 一眼レフカメラ　single-lens reflex camera
- □ バッテリー　battery
- □ 充電器　battery charger

ドラッグストア　DL-211

- □ 飲み薬　medicine
- □ 粉薬　powder medicine
- □ 錠剤　tablet, pill
- □ カプセル　capsule
- □ 漢方薬　herbal medicine
- □ 塗り薬　ointment, topical cream
- □ 風邪薬　cold medicine
- □ 胃腸薬　digestive medicine
- □ 頭痛薬　headache medicine
- □ 下痢止め　antidiarrheal medication
- □ せき止め　cough medicine
- □ サプリメント　supplements
- □ 栄養ドリンク　energy drink
- □ 虫よけ　insect repellent
- □ 湿布薬　poultice
- □ 目薬　eye drops
- □ トローチ剤　lozenge
- □ シャンプー　shampoo
- □ コンディショナー　conditioner
- □ ボディソープ　body wash
- □ 石けん　soap
- □ 入浴剤　bath additive
- □ ヘアスプレー　hair spray
- □ ヘアカラー　hair dye
- □ リップクリーム　lip balm
- □ 歯ブラシ　toothbrush
- □ 歯磨き粉　toothpaste
- □ かみそり　razor
- □ シェービングクリーム　shaving cream
- □ 綿棒　cotton buds
- □ 生理用ナプキン　sanitary pad
- □ 包帯　bandage
- □ 絆創膏　adhesive plaster
- □ 体温計　thermometer

日本の食べ物　DL-212

- □ 刺身　sashimi, sliced raw fish
- □ 寿司　sushi
- □ 天ぷら　tempura, deep-fried seafood and vegetables
- □ そば　soba, buckwheat noodles
- □ 納豆　natto, fermented soybeans
- □ 干物　dried fish
- □ かまぼこ　boiled fish cake
- □ 抹茶　powdered green tea
- □ 梅干し　pickled plum
- □ 漬物　pickles
- □ おから　tofu lees
- □ 豆腐　tofu, soybean curd

- □ 酒粕　sake lees
- □ 麹　malt
- □ 白玉　rice-flour dumplings
- □ 黒蜜　Japanese molasses, dark syrup
- □ あんこ　sweet bean paste
- □ かき氷　shaved ice
- □ せんべい　rice cracker
- □ どら焼き　sweet bean paste pancake
- □ もち　mochi, Japanese rice cake
- □ ようかん　sweet bean jelly

会計　DL-213

- □ 合計　total
- □ 小計　subtotal
- □ 消費税　consumption tax
- □ 税抜きで　excluding tax, without tax
- □ 税込みで　including tax
- □ レジ　checkout counter, register
- □ 伝票　check
- □ 現金　cash
- □ 現金で支払う　pay in cash
- □ 電子マネー　electronic money
- □ クレジットカード　credit card
- □ クレジットカードで支払う　pay by credit card
- □ トラベラーズチェック　traveler's check
- □ 硬貨　coin
- □ 紙幣　bill
- □ おつり　change
- □ レシート　receipt
- □ お客様控え　customer copy
- □ 両替機　change machine
- □ カード読み取り機　card reader
- □ 暗証番号　PIN (Personal Identification Number)
- □ サイン　signature
- □ 期限切れで　expired
- □ 配送料　delivery charge
- □ 代理手数料　commission
- □ クーポン　coupon, voucher, discount ticket
- □ ～%割引　～ % discount
- □ ～円引き　～ yen discount

免税　DL-214

- □ 免税（の）　tax-free
- □ 免税手続き　tax-free procedures
- □ 免税店　tax-free shop, duty-free shop
- □ 免税カウンター　tax-free counter
- □ パスポート　passport
- □ 関税　customs duty
- □ 税関　the Customs
- □ 一般物品　general goods
- □ 消耗品　consumables

基本語句リスト

A

B

C

G

H

I

K

L

基本フレーズリスト

あ

□ 暗証番号を入力して、enterを押してください。
Please enter your PIN, then press enter. 037

い

□ いくらまでなら払えますか?
How much can you afford to pay? 145

□ 一番小さいのは5粒入りボックスです。
A five-ball box is the smallest. 131

□ 一部部品の交換を伴うため、こちらの店舗では修理ができません。
We can't repair this at out store, because some parts require replacing. 155

□ いつ帰国する予定ですか?
When are you going back? 125

□ (会計後)今すぐ着けて帰られますか?
Will you be wearing it right away? 103

□ いらっしゃいませ。
Hello, sir / ma'am. 016

□ 色はホワイトで、メモリは64GBでお間違いがないかご確認ください。
Please make sure the white color and the 64GB memory are correct. 138

う

□ 売り場にご案内いたします。
Let me take you to the section. 141

え

□ 営業時間は午前10時から午後8時30分までです。
We are open from 10 a.m. to 8:30 p.m. 027

□ 英語の得意な者を呼び出します。
Let me call someone who speaks English well. 029

お

□ 多くのお客様がこの飽きのこないデザインを気に入ってくださいます。
A lot of customers like this timeless design. 053

□ 多くの工程を経て、だいたい1カ月かかります。
It takes about one month to go through all the processes. 117

□ お会計は現金ですか、カードですか?
Would you like to pay in cash or by credit card? 017

□ お鏡で合わせてみてください。
Please have a look in the mirror. 093

□ お掛けになってお待ちください。
Please have a seat while you wait. 079

□ お客様にぴったりです。
That suits you perfectly. 099

□ 贈り物ですか、それともご自宅用ですか?
Are these gifts or for yourself? 079

か

き

□ こちらのかごをお使いください。
Please use this basket. 061

□ こちらの財布を忘れていかれましたよ。
You have forgotten this wallet. 085

□ こちらの品は20%オフです。
These items are 20 percent off. 059

□ こちらの修理には数日かかるので、連絡先を伺ってもよろしいでしょうか?
We need a few days to repair this, so can I have your contact details? 153

□ こちらの方が長持ちしますし、扱いやすいと皆さんおっしゃいます。
Everyone says that it is more durable and easier to handle. 063

□ こちらの用紙にご連絡先をご記入ください。
Please write your contact information on this form. 075

□ こちらは1時間半持ちます。
They will last for an hour and a half. 133

□ こちらはお1人様1点限りです。
These are limited to one per customer. 067

□ こちらは辛口、こちらは甘口のお酒です。
This one is dry and this one is sweet. 127

□ こちらは崩れやすいです。
This is delicate. 135

□ こちらは限定モデルです。
This is a limited-edition model. 055

□ こちらはご当地限定品です。
This is only available in this region. 112

□ こちらは今年の流行です。
This is trendy this year. 053

□ こちらは個別にお包みしますか、それとも一つにまとめますか?
Would you like these wrapped separately or together? 079

□ こちらは日本国内でのみメーカー保証を受けられます。
This manufacturer's warranty is only valid within Japan. 149

□ こちらは日本の伝統的な工芸品です。
This is a traditional Japanese craft product. 115

□ こちらは2年間保証です。
This has a two-year warranty. 149

□ こちらは量り売りです。どのくらいお求めですか?
It is sold by weight. How much do you want? 129

□ こちらはばら売りではなく、箱売りです。
They are not sold individually but in boxes. 131

□ こちらはぴったりとしていますが、とても伸縮性があります。
This is a tight fit, but it's very stretchy. 093

□ こちらはピンクとネイビーもございます。
We have this in pink and navy blue. 091

□ こちらはフィルターが1つ付きますが、予備の購入をお勧めします。
This comes with a filter, but I

recommend getting some spares. 143

□ こちらはメーカー保証書です。レシートと一緒に保管してください。
This is the manufacturer's warranty. Keep it with the receipt. 151

□ こちらは冷蔵庫で保管してください。
Please keep this refrigerated. 133

□ こちらを試食してください。
You can try this sample. 121

□ こちらを日本国外でお使いになる予定ですか？
Are you going to use this outside Japan? 139

□ このあたりでは昔から酒造りが盛んなんです。
Sake brewing has prospered in this region for a very long time. 127

□ このお菓子は2週間持ちますよ。
This snack keeps for two weeks. 125

□ この機会を利用することをお勧めします。
I'd recommend taking this opportunity. 055

□ このキャラクターは今日本で大流行しています。
This character is very trendy now in Japan. 049

□ このクレジットカードはお使いいただけません。
We don't accept this credit card. 039

□ このシールが付いている商品が割引対象です。
It applies to items marked with this sticker. 061

□ この写真立ては贈り物用にお包みしましょうか？
Would you like this picture frame wrapped as a gift? 081

□ この建物の10階にあります。
It's on the 10th floor of this building. 073

□ このディスク取り出し口がうまく作動していないですね。
This disk slot doesn't work properly. 155

□ このピアスの試着はできません。
You cannot try on these pierced earrings. 105

□ このヘアアイロンは使いやすいです。
This hair iron is easy to use. 049

□ ご配送されますか？
Would you like this delivered? 077

□ ごゆっくりご覧ください。
Please take your time. 019

□ ご予算はどれくらいですか？
What's your budget? 025

□ これがお釣りです。
Here is your change. 035

□ これは日持ちします。
This keeps for a long time. 112

□ これもおまけで付けますね。
I'll throw this in for free. 129

□ これらは鉄を鋳造して作られています。
These were made by molding iron. 117

□ 今季はこのタイプのピアスがはやっています。
This type of pierced earring is in fashion this season. 105

さ

□ 在庫を確認しますので、少々お待ちください。
Please wait a little while I check our stock. 069

□ 最初に検討していたものをお持ちしましょうか？
Shall I bring you the one you considered first? 099

□ サイズは合っていますか？
Does this size fit you? 101

□ サイズはおいくつですか？
What is your size? 090

□ サイズ表をお持ちします。
Let me bring you a sizing chart. 101

□ 再入荷日は9月1日です。
Our next shipment will arrive on September 1st. 069

□ サポートカウンターにご案内いたします。
I'll guide you to the support counter. 138

□ 3,000円で保証期間を5年に延長できます。
We can extend the duration of the warranty to five years for 3,000 yen. 151

□ 残念ながら、こちらは現在在庫がありません。
Unfortunately, these are temporarily out of stock. 069

し

□ 仕上げに漆が塗ってあります。
They are finished with lacquer. 117

□ 試食できますよ。
You can try a sample. 112

□ 試着室へのお洋服の持ち込みは3点までです。
You can take a maximum of three items into the fitting room. 091

□ 18金メッキの金属でできています。
These are made of 18-karat gold-plated metal. 105

□ 従来品より大幅にパワーがアップしています。
It is much more powerful than conventional ones. 057

□ 少々お待ちください。
Please wait a moment. 016

□ 少々お待ちください。
Just a minute, please. 041

□ 賞味期限がラベルの下の方に書いてあります。
The expiration date is printed on the lower part of the label. 125

せ

□ 税込みで500円です。
That's 500 yen, including tax. 041

□ 税抜き1万1円以上のお買い上げで免税になります。
There is a tax refund on purchases of over 10,000 yen before tax. 033

と

な

に

ね

は

ひ

ふ

ほ

み

め

も

や

り

れ

ろ

わ

新装版

聞いてマネしてどんどん覚える

キクタン接客英会話【販売編】

書名	新装版 キクタン接客英会話【販売編】
発行日	2017年9月6日（初版） 2024年4月19日（新装版）
企画・編集	株式会社アルク 出版編集部
協力	広瀬直子、山神制作研究所
英文作成・校正	日本アイアール株式会社
アートディレクション	細山田光宣
デザイン	ジョ・ユンボム、杉本真夕（細山田デザイン事務所）
イラスト	shimizu masashi（gaimgraphics）
ナレーション	Jack Merluzzi、Howard Colefield、Rachel Walzer Edith Kayumi、水月優希、高橋大輔
音楽制作	H. Akashi
録音・編集	一般財団法人英語教育協議会（ELEC）
DTP	株式会社秀文社
印刷・製本	シナノ印刷株式会社
発行者	天野智之
発行所	株式会社アルク 〒102-0073 東京都千代田区九段北 4-2-6 市ヶ谷ビル Website：https://www.alc.co.jp/

PC：7024060
ISBN：978-4-7574-4202-3